☑ **超ベーシック**
すぐうまくなる
書くチカラ

91

Introduction
はじめに

　文章はどうも不得意だ、なかなか上達しない。そういう人には2パターンがあります。

　文章というものを誤解している場合——何か立派なことを立派な言葉を使って書かなくてはいけないと思っています。そこまでいかなくても、いざ書こうとすると、肩に力が入ってカチカチに固まってしまうタイプです。

　完ぺきな文章をいっぺんに書きあげようとする場合——国語の教科書やさまざまな指導書に合わせようとするあまり、混乱してしまうタイプの人もいます。

　わたしは大学や文化センターで文章・作文指導をし、新聞社の取材現場でデスクとして記者の原稿を点検し、新人記者教育にもかかわりましたが、どこでも「書けない」と悩む人の大半がどちらかです。

自分の言葉で伝えるには

　では、うまくなるには？　まずは、難しく考えすぎないこと。上記パターンの反対をいけばいい、そのくらいに思ってください。

　立派な言葉で堅苦しく書く必要はありません。むしろ、やさしい言葉で、自分の考えや経験を書くのが文章です。だって、そうでなければ、自分の意見も個性も出せません。

　完ぺきに書きたい？　その気持ちは貴重ですが、50も100もある「書き方の注意点・必要事項」を、普通の人はそう早く

はマスターできません。

　この本は、そうした「普通の人」向けに、すぐにもできるコツをまとめました。

　最初から100点満点の文章を書かなくても、意思や体験をわかりやすく伝えれば十分です。そのうえで、できる範囲で少しずつ、自分にとって必要な書き方を身につけていくことを目指します。

いま一番必要な項目から

　ですから「書く心構えから」などと言う気はありません。必要なときに必要なことを書けばいい。それが本来の文章ですから。そのためにどうするかが、この本のテーマです。

　ひとりひとりが文章を書き出すことを前提に、「直前の準備」「書き出すときに」「わかりやすくするには」「もっと簡潔にするには」「書き終えるときはどうするか」といった順序で構成してあります。

　巻末の資料編を除いて、全91項目が2ページ見開きです。最初から読んでいただいてもよいし、自分がいま一番必要だと思う項目からチェックすることもできます。自信を持って機能的に活用してください。

高橋俊一

CONTENTS

はじめに 2

第1章 書き始める前に 9

Lesson▷ 01 難しく考えるな 10
02 一見くだらない発想を転がす 12
03 急ぐときほどメモが重要 14
04 できる範囲で情報集めを 16
05 読み手を意識しろ 18
06 読み手のニーズを推し測る 20
07 出題をどうこなすか 22
08 あなたにしか書けないことを 24
09 設計図がモノをいう 26
10 三段論法で書く 28
11 起承転結で書く 30
12 「結論を先に」と起承転結 32
13 起承転結を活かすコツ 34
14 使える「名訳の極意」 36

第2章 書き出すときに 39

- Lesson 15 最初の一文をどう書くか 40
- 16 一般論や定義から始めない 42
- 17 感想や思考過程から書き出さない 44
- 18 出題オウム返しはNG 46
- 19 具体的な事実を示す 48
- 20 文を短く 50
- 21 ひとつの文に詰め込まない 52
- 22 書き出しはとくに短文で 54
- 23 「だ」「です」の文体を統一する 56
- 24 主役を早く出す 58
- 25 ピントを合わせる 60
- 26 積極的改行で好感度アップ 62
- 27 はっきり言い切れ 64
- 28 ここで素早くチェック 66

第3章 基本に沿ってしっかり書く 69

- Lesson 29 ひとつの文にはひとつの解釈 70
- 30 主語と述語を正しくセットする 72
- 31 能動・受動のミスマッチをしない 74
- 32 主語と述語を近づける 76
- 33 主語を省ける場合がある 78
- 34 主語の入れ替えに注意する 80

35	主語につく「は」「が」を使い分ける	82
36	「は・は」「が・が」文を避ける	84
37	もうひとつの「が・が」「の・の」文	86
38	「の」「で」をあいまいに使うな	88
39	「より・から・に・へ」に区別あり	90
40	句読点をきちんと活用する	92
41	読点「、」を打ちすぎない	94
42	話し言葉を見きわめる	96
43	「ら」抜き表現に注意する	98
44	「〜たり〜たり」はペアで	100
45	どこに係るか、あやふやにしない	102

第4章 読みやすく・わかりやすく … 105

Lesson 46	漢字かひらがなか	106
47	漢字だらけにしない	108
48	「ところと所」「ものと物」…	110
49	「わが社」か「我が社」か	112
50	「どうしても漢字」のときは	114
51	耳慣れない略称はまず正式名で	116
52	新しすぎる造語や略語は使わない	118
53	動植物名は原則カタカナで	120
54	用語選びを間違えない	122
55	間違える字は決まっている	124

56 変換ミスに注意する ……………………………………… 126
57 お役所言葉を使わない ………………………………… 128
58 あいまい表現「的・性・化」に注意 ………………… 130
59 外国語を使いすぎない ………………………………… 132
60 直訳表現を乱用しない ………………………………… 134
61 単位や範囲を統一する ………………………………… 136
62 修飾語の置き場所はここだ！ ………………………… 138
63 修飾語が複数あったら？ ……………………………… 140
64 全体修飾語から部分飾りへ …………………………… 142
65 修飾語を使いすぎない ………………………………… 144
66 同じ話はまとめる ……………………………………… 146

第5章 もっと簡潔に・正しく書ける …… 149

Lesson▷ 67 敬語を正しく使おう …………………………………… 150
68 敬語を何重にも使わない ……………………………… 152
69 「お」と「ご」をうまく使おう ……………………… 154
70 体言止めを使いこなす ………………………………… 156
71 肯定文と否定文を分ける ……………………………… 158
72 数字をはっきり書こう ………………………………… 160
73 所属先や活動内容を具体的に書く …………………… 162
74 カタカナはアクセントに使える ……………………… 164
75 語順を替えると印象が変わる ………………………… 166
76 「そして」「しかし」などは省ける …………………… 168

CONTENTS

77 同じ言葉を繰り返すな ─ 170
78 長いダブリにも注意する ─ 172
79 「これ」「その」を使いすぎない ─ 174
80 余分な前置きを書かない ─ 176
81 文の終わり方に変化をつける ─ 178

第6章 ▶ 書き終えるときに ─ 181

Lesson▷ **82** 強調しすぎても効果はない ─ 182
83 読み手を無理に追いこまない ─ 184
84 自分の言葉で終わろう ─ 186
85 謎をかけたままで終わらない ─ 188
86 書きあげたら必ず点検する ─ 190
87 実戦点検法は「声」と「印刷」 ─ 192

第7章 ▶ メール・SNSの超基本 ─ 195

Lesson▷ **88** ひと目でわかる件名をつける ─ 196
89 1メール1用件に絞る ─ 198
90 本文（主文）はこう書く ─ 200
91 メールに不向きなこともある ─ 202

巻末・特別資料
とくに間違えやすい「同音・同訓異義語」 ─ 204

第1章
書き始める前に

Lesson 01
難しく考えるな

改善POINT

①普通の言葉で普通に考えればいい
⇒ 専門用語も学者言葉もいりません。考えるのも、書くのもあなた自身の言葉で。

自分で難しくしているだけ

「さあ書くぞ」と思っても、なかなか書けない。こういう人はいっぱいいます。原因は2つあります。

力んで頭の中がカチカチになっているか、なにも準備しないで書きだそうとしているか。どちらか、または両方です。

書く気はあるのに……しばらくたつと「ああ、文章を書くって難しいなー」と思ってしまいます。そうならないために──

改善POINT

②力みすぎない
③できるだけ準備をしてから書き始める
⇒ この2点が重要です。まずは誰でもついやってしまう「力み」を改善しましょう。

難しく考える習慣が、ほとんどの人は染みついています。中学と高校で教師から、大学では学者から「科目」「学問」を難解な用語を使って解説され続けてきました。

たいていが難しい問題をやさしくひも解くどころか、普通の

問題や簡単なことまで小難しい言葉で表現します。皆さんはそれに合わせて試験の答えを書かされてきました。だから、文章を書くときに難しく考える癖がついています。自分で難しくしているだけです。

人に話したくなる内容で十分

でも、書くためには考えなければ。「書くことは考えること」と、指導書によくあるじゃないか。

そのとおりです。ただし、難しい言葉や凝りすぎた内容をひねり出そうとすると、かえって何も出てきません。

改善POINT

> ④「あのねえ……」と話したくなるような話題で十分
> ⇒ うまく書こうとする必要はありません。まず自然に、人と話すつもりで。相手にわかってもらうためにも普通の話を、普通の言葉でやさしく書く。それが第一歩です。

「書くことに情熱を持て」という指導書もありますけど？ 熱くなりすぎる必要はありません、いつもどおりでいい。机の前に座ったら、まずは肩の力を抜いて。

力まずに書き続けるうちに、文章そのものを楽しめようになれます。映画監督になったつもりで演出だってできます。最初から100点を取ろうとしないで、気軽に書き始めましょう。

Lesson 02
一見くだらない発想を転がす

◆たとえば出題「公園」

公園 ▶公園の景色▶何も浮かばない（そこまで）
公園 ▶公園とは何か▶抽象論（進まない）

↓

公園 ▶そう言えば▶（具体的に考える）▶あの人と行った▶ 10年ぶりのブランコだったけど、恋人２人で楽しかったっけ▶（発想を転がす）こんなこともあった▶あの公園はどうなっただろう？▶私たちはもう恋人同士ではないけれど▶これでよかったのか？（「公園の思い出だけはきっと消えない」とまとめることもできる）

誰でも無意識に考え始める

　なにも準備をしないで書きだそうとする人がよくいます。できることもありますが、幸運な例外だと思ってください。やれる範囲で準備してから始めるのがベターです。

　準備というと面倒な感じですが、実は誰でも書こうと思った瞬間にもうやっています。

　たとえば、「公園」というテーマをポンと出されて作文を書く場合——ほとんどの人が住宅地の一角に開かれた風景を思い浮かべます。とくに意識しなくても、自然にそうなる。そこから始めればいいのに、「ああ特別なことは何もないなあ」と諦めるか、反対に意気込んで「公園とは何か？」と、まるで宇宙の大テーマみたいに組み立てようとします。さあ取り組むぞと改まって構えてしまうと、次に続きません。

具体的な事実・体験・エピソードを探す

ここで実体験、公園にまつわる記憶・思い出をたどれば、ちょっと変わってきます。

学者みたいに堅苦しく抽象的に考える
⇒ 誰もおもしろがってくれないのに

具体的な事実を探す・思い出や体験をたどればいい
⇒ そういえば……小さなことで十分。学者の論文でも、冒険談でも奇談でもない、必要なのはあなたとテーマをつなぐエピソードです。

　または――そういえば、子どものころに一家でよく行ったっけ、名前はたしか○○公園だ。あそこで出会った、おさげ髪のA子ちゃんはかわいかったな。今も近所の公園を通るたびに、A子ちゃんを思い出して……「まとめ」も自然にできてきます。

　でも、そんなの、作文になるかな？　なります。おかたく論じるばかりが文章ではありません。ささいなことで十分です。一見「くだらない」ことでも発想を気楽に転がしましょう。そこから自問自答していけば、書く材料はいっぱいあります。

　それでも「何もない」なら、何ひとつ思い出もないこと自体を中心に書いてしまえばいい。なんで自分には公園の記憶がないのか。一人っ子だし、父が病気がちで……家族って何？

　学者風の抽象論なんて、誰も求めていません。各自の経験や身のまわりのことで十分です。

Lesson 03
急ぐときほどメモが重要

改善POINT

> ① **メモしておくと、貴重な経験・材料が残る**
> ⇒ 「書く材料がない」という人も、毎日の経験の中に、書ける材料が実はあります。
> ② **メモしていると、自然に頭が働く**
> ⇒ メモするだけで自然と考えます。極端にいえば、特別な努力をしなくても物事をある程度、整理できます。

書く材料をつなぎとめるために

　発想や反応は誰にでもあります。出題に接したとたん、一度は何かしら浮かびます。問題は、次の瞬間に忘れてしまうことです。「何も思い浮かばない」と悩む人の大半が、この瞬間健忘症です。

　私たちは毎日、さまざまな経験を重ねています。この経験、書けばけっこうおもしろい。せっかくの経験を日々忘れないようにするための道具がメモです。

　記憶だけで書き進めるのは、資料もデータも持たないまま会議に出席するのと同じです。あやふやで頼りない。処方箋を忘れて薬局に駆け込む。海図なしの航海。牛丼屋に入ってチョコレートパフェを注文するみたいにトンチンカンなことになります。

　普段から経験や気づいたことをメモしておけば、あせることもありません。文章を書くときの確かな材料になります。

大きな「使える武器」になる

でも、メモのしかたがわからない？

学校の授業でノートを取る場合を考えてください。ICレコーダーと違って、先生の話をひとつももらさずにメモするわけではありません。冗談や無駄話は捨てて、誰でもごく自然に必要事項を選んで、要点を書き取ります。

改善POINT

③メモは思いつきをどんどん記すだけでいい
⇒ きれいに書かなくて十分。順番なんか、考えずに。ノートでも、紙切れにでもかまいません。もちろんパソコンでも。手元にいつもメモ帳を用意しておくといいでしょう。

④何でも、いつでも、どこでも
⇒ 仕事中や勉強中にまったく別のことを思いついたときも、すかさずメモを。散歩や買い物の途中でも。ひらめきや思いつきを。人の話や読書の内容だって、印象的なことはいつか使えます。

わたしは新聞記者を30年以上やってきましたが、メモは大学ノートなどに走り書きです。必要なら、あとで清書すればいい。そこで連想や新しいアイデアが生まれます。たいていは、そこまでしなくても大丈夫です。自分だけが読めればいい。全体の骨格をつかむには十分です。どうやってもいいのがメモだと思ってください。

手製の図表やイラストを入れてもいい。自由なメモから発想が広がります。メモは大きな「武器」になります。

Lesson 04
できる範囲で情報集め

① 書き出して少し進んでも、すぐにつかえてしまう。
② 書き終えてみると、どうにも平凡でありきたり、自分でもおもしろくない。
③ 事実関係の誤りもある。
⇒ こういう人はたいてい、材料もなく、闇雲に進もうとしています。

書く材料を、どうやって見つけるか

どんな作家でも記者でも、何も調べずに頭の中だけで小説や記事を書けるものではありません。自分の体験談を書く場合も、誤解や記憶違いがないか、確認が必要です。

NG文

僕が尊敬している人といえば、第一に坂本竜馬です。松本青張の小説『竜馬がゆく』を読んでとりこになりました。竜馬は幕末に活躍し、西郷隆盛と勝海舟の2人を結びつけて1888年には江戸城の無血開城を実現させました。その功績は明治維新の立役者にふさわしいものです。

ずいぶん間違っています。作家の固有名詞は「松本清張」が正しいうえに、清張は『竜馬がゆく』を書いていません。竜馬が結びつけた2人も、人違い。江戸無血開城は1868年です。いくら「尊敬」していると強調しても、これでは読み手にしら

けられます。

改善文

　僕が尊敬している人といえば、第一に坂本竜馬です。司馬遼太郎の小説『竜馬がゆく』を読んでとりこになりました。竜馬は幕末に活躍し、西郷隆盛と桂小五郎の2人を結びつけて1866年には薩長同盟を実現させました。その功績は明治維新の立役者にふさわしいものです。

　確かめるのは簡単です。インターネットで「坂本竜馬」か「坂本龍馬」を検索すると、情報が山のように出てきます。「江戸無血開城」や「竜馬　西郷隆盛　結びつけて　実現」など複数のキーワードで検索すれば効率的です。

　ネット情報には誤りも多くありますが、キーワードをいくつか変えて二重三重に確かめるか、図書館や新聞社を使う手もあります。情報をクロスさせると、誤りを防げます。

調べておく癖をつける

　受験や入社試験の会場で書く場合以外は、調べて書く癖をつけましょう。まずは辞書やネットで、手の届く範囲でいい。本格的には図書館で本や関連資料をあさります。

改善POINT

①まずは自分のイメージや知識をメモする
②ネットで検索する
③関連本や資料で確認しながら、さらに追究する

　ここが情報世界への入口です。ちょっと調べれば、材料はいっぱいあります。

Lesson 05
読み手を意識しろ

❌ NG文

　デジタルカメラの機能は日々進化している。撮影での手ぶれを、光学的・物理的に検知してレンズ系の光軸や受光面を動かす補正機能を備え、人や動物の顔認識自動焦点機能を搭載したカメラも主流になりつつある。

⭕ 改善文

　デジタルカメラはどんどん便利になっています。撮影のときに手がぶれてしまっても、自動的に補正してくれます。人や動物の顔にピントを合わせるときも、特別な操作をしなくても、カメラが勝手に合わせてくれるのが普通になってきました……

言葉づかいや内容を変える

　文章には、読んでくれる相手がいます。日記なら自分だけが読みますから、何をどう書いてもあまり問題になりません。**自分以外の人に読んでもらうためには、読み手の気持ちにピタリと合った書き方や材料を選ばなければなりません。**

　ＮＧ文は、文法の誤りはありませんし、内容そのものがおかしいわけでもなさそうです。しかし、技術者や少なくともカメラに慣れた人に向けた説明で、たまの記念程度にしかカメラを手にしない人に書く文章ではありません。誰にでも読んでもらえる書き方とは言えません。

　誰に読んでもらうかで、書き方も変わってきます。

読み手を意識してサービスしよう

　まず、読み手が誰かをしっかり見定めてください。文章の書き方は、ひとつだけではありません。

　左ページの例文が若い女性向けなら「写真にプリクラのようなデコレーション飾りをつけることもできます」と加えてもいい。お年寄りが相手なら「お孫さんの写真をメールで送ったり、受け取ったりもできます」と書き添えると効果的です。

　全体に「です・ます」の敬語調で書くか、「だ」「である」調にするかも、読み手と伝える内容や狙いに応じて選びます（56ページ参照）。

改善POINT

① 誰に読ますのかをはっきり意識する
② 全体の雰囲気を考えながら、言葉づかいと盛り込む材料を選ぶ
③ 何を最も伝えたいかを確認しておき、書くことの範囲と順番をおおよそ決める

　相手のことを考えずに勝手に突き進むひとりよがりや、「このぐらいはわかるだろう」の思い込みが書き手と読み手の溝をつくります。読み手を納得させるためにどうするか、書くという作業は、一種のサービス業だと思えば間違いありません。

　読み手を意識していくうちに、何種類かの文章を無理なく書き分けられるようになります。それが自然と「文章力」「筆力」につながります。

Lesson 06
読み手のニーズを推し測る

NG文

①ただいまお昼の休憩をとっています。
⇒ 従業員が1人だけの店や宝くじ売り場などで、こんな張り紙を見かけます。読んだ人はどう思いますか。昼休みなのはわかりますが。

②お昼休みをとっています。申しわけありませんが、しばらくお待ちください。
⇒ これでも不十分です。丁重にはなりましたが、何時にまた来たらいいのか、必要な情報がありません。

求められる情報は何か

客がほしいのは再開の情報です。読み手のニーズを推し測ってあげましょう。

改善文

お昼休みをとっています。午後1時に戻ります。
⇒ 少なくともこれぐらいは書く必要があります。

読む人を見定め、相手にあった書き方も決めたら、次は相手が何を求めているかまでを考えます。

うなずいてもらうために

ビジネス文でも趣味の分野でも、製品やイベントをめぐるやりとりなどでは、こうした気づかいがとくに重要です。

当社のABC構想は業界でも最先端をゆくものです。これまでの構想より数段優れていると確信しております。

⇒ 自分たちが優れていることを一方的に強調するだけでは説得力がありません。

当社のABC構想は、若い消費者の志向を先取りすることを心がけて、PRにインターネットを活用し、ポスターにも若手のデザイナーを起用します。新たな客層開拓をめざす御社の中期計画をサポートすることができます。初期投資が少なくてすむ点でも、これまでにないものです。

⇒ 「どこが優れているのか」「相手のどんな役に立つのか」に触れる必要があります。

ビジネス・商取引に限らず、何かを一緒にやりたくて書くときには、相手が何を必要としているかを見きわめます。それで初めてうなずいてもらえます。

Lesson 07
出題をどうこなすか

◆たとえば出題**「日本の福祉」**

日本の福祉は……お年寄りや障害のある方を……???

⇒ 難しく考えすぎて進まない。楽に考えを転がすつもりでも発想自体が出ないこともあります。焦れば焦るほどアイデアが出ません。

日本の福祉……福祉と私、福祉と私の家族、福祉とお金、これからの日本の福祉……よし、自分の家族のことといえば、田舎の祖父が……

⇒ 出題テーマのフレーズ（この例では「日本の福祉」）の前後に別の言葉をつけ足すと、新しい発想を引き出せます。そこから具体的な情景や体験談へと発展させていけます。

✏️「出題」に言葉をつけ足してみると

　就活や入試などで「○○について書け」と出題されても、指定されたテーマがポンとあるだけで、実際に書く内容は自分で作っていかなければなりません。突然、予想外のかたいテーマを出題されたら？

　12ページのように発想がうまく転がれば問題ありません。何も浮かばないときはどうするか。与えられた出題テーマの前でうなっていても時間がたつだけです。

　そういうときは、「テーマ」の前か後に何か言葉をつけ足し

てみる方法があります。

　出題される言葉・テーマは自動車のボディのようなものです。そのままではでんと居座っているだけですが、車輪をつければ動きだします。

自分の言葉で自分を刺激

　つけ足す言葉、切り込む角度はいっぱいあります。頭を自由に働かせて、好きなフレーズをつけ足していけば、連想がつながります。

> **改善POINT**
> ①出題に何も浮かばないときは、自分自身を刺激する
> ②出題に自分の言葉をつけ足してみる

　オーソドックスなのは「○○と私」としてみることですが、ほかにも「家族」「思い出」「経験」「問題」「気づいたこと」など何でもいい。

　いくつか前もって意識しておくと、試験会場などでとっさに使えます。得意なものを中心に転がしていけば、書けそうな材料が浮かびます。「10年後」と出題されたら「10年後の私は」「10年後の心配」「10年後の家族」で、少しずつ連想がわきます。

　もっと別の角度から「10年後のスポーツ」はどうですか。「10年後のプロ野球」でもいいかもしれません。「みんな大リーグに行って、よい選手がいないかも」と思いますか。それだけでも内容が絞れてきます。「10年後のマンガ」「10年後の恋愛」……何を補足したってかまいません。

　漠然としたテーマ・出題を自分の側に引っぱり込みながら、焦点を絞っていきます。そこにあなたの世界が広がります。

Lesson 08
あなたにしか書けないことを

> **❌ NG文**
>
> 旅といえば、なんといっても海外旅行がいい。フランスならドゴール空港で入国審査を受けて、乗り合いタクシーで市内へ向かう途中の街路樹が美しい。パリは凱旋門、エッフェル塔、ルーブル美術館のどれもまるで印象派絵画の中をゆくみたいで……

✏ ほしいのは「あなた」のこと

「自由題」「テーマ自由」の出題がたまにあります。入試以外にも文集や会報に何か書く場合や自発的にエッセイをまとめることがあるかもしれません。

どんな場合も、そこで求められるのは一般論や抽象論ではなく、あなたの体験談や意見です。それを具体的に、読み手が場面を想像できるように書くことです。

たとえば、例文はゼミ・サークルの文集や会報で「旅」について書く場合です。入試の作文にしても「旅」とだけ出題されたら、どうしますか？

NG文はまるで旅行会社のパンフレットです。作文の中に「あなた」自身がいません。これなら筆者が誰でも変わりません。

重要なのは、あなたにしか書けないことを読み手に伝える姿勢です。あなたのことを知りたくて作文を読もうとする人に、パンフレットを差し出しても意味はありません。読み手は「旅」を手がかりにあなたの個性や考え方をつかもうとしています。

改善POINT

①ありふれたことや一般論ばかりを並べない。
②自分の見聞、経験、エピソードをわかりやすく、具体的に書いて個性を出す

具体的なエピソードで個性を出す

改善文

　フランスに行ったとき、えらい目にあった。街路樹が美しい地区の一角にひっそりとある、若者向けのホテルだったが、部屋のカギが壊れていた。英語がほとんど通じない。身ぶり手ぶりで30分もやりとりしてクタクタになった。そこで私は思い切ってオーバーに……

　経験やエピソードといっても、珍談・奇談は必要ありません。ちょっとしたエピソードや見聞を具体的な事実に沿ってわかりやすく書けば、特別な材料でなくても個性がにじみ出ます。

　だって、あなた自身のことなので、無理にひねらなくても自然に個性的な内容になります。そこから、場合によっては独自の見解を打ち出すこともできます。

　有効なのはシーンや動きを想像させる程度の小話、あなたの姿が浮かぶ、具体的な出来事です。

　一般の散文・エッセイには個人の経験・体験が、ビジネス文書や研究論文にも計画や提案の内容に独創性があってこそ成功につながります。

Lesson 09
設計図がモノをいう

改善POINT

①出題やテーマと自分とのかかわりを、しっかりつかむ
②一番何を言いたいかを、自分の中ではっきりさせておく
③その結論と理由を伝えるのに、どんな流れでいくかを見定める
④思いついた・集めた材料の中から必要・不必要を見きわめる

規則はない、自由に描こう

「材料はあるけど進まない」「なんだか、まとまらない」「時間がかかってしまった」と悩む人がけっこういます。題から思い浮かぶこともあるのに……。

家を建てるときに、どういう家にするかを考えないまま取りかかるようなものです。設計図が必要です。

この設計図作りを「相手の立場や考え方」(18ページ参照)や「相手のニーズ」(20ページ参照)を意識して進めます。

頭の中だけで考えずに、ノートやメモ帳、試験会場なら紙の余白に軽く書きつけるのが有効です。

個条書きでも図表でも、文字だけではなく線や矢印を引いたり、見取り図や表にしたり、自由にやればいい。ときには円や四角で囲みながらつめていくと、自然に頭が働きます。マンガやイラストもかまいません。こうしろという規則はありません。

📝 エピソードを切り捨てるな

「あなたが学んだこと」という題の作文を求められたら――

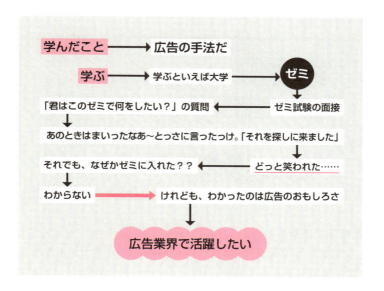

　こうすれば広告と自分とのかかわりを中心に進める設計図ができます。「学んだのは」「進みたいのは」と、まず書きつけて、そこまでの道筋をつなげていけばいい。

　この図表で気をつけたいのは「ゼミ試験の面接」から「どっと笑われた」までのエピソードです。「くだらない」「恥をかいただけ」などと切り捨てたらもったいない。

　こういう場面は人を引きつけます。どれかが貴重な素材になります。筆者の個性を示すことに直結し、読む人の関心を高めることができます。「設計図」を描く習慣は、いざ作文というときに必ず役立ちます。

Lesson 10
三段論法で書く

> （序論→本論→結論）
>   駅前に新しいレストランがたてつづけにオープンした（序論）。競争が激しくなって、最高売り上げを誇ってきたレディーススペシャルランチやスイーツ食べ放題だけでは、若い客層を引きつけられない時代がきている（本論）。うちの店は一刻も早く新メニューを開発しないといけない（結論）。

序論が長引くと

　前ページの「設計図」で構成を考えたら、いよいよ書き出します。実際にどういう順序で書いていったらよいでしょうか。

　設計図よりも踏み込んで具体的に「コレを書き、次にアレを書き、こうまとめる」と再確認しながら、いらない材料は捨て、必要な材料を選んでください。いっぺんにすべてを書くことはできませんから、何段階かに分けます。一番コンパクトなのは三段構成です。

　討論会・ディベートの古典的な主張展開や論文に多い切り方で、古くから「序論→本論→結論に分けて進めよう」と言われてきました。

　論理的な反面、組立て方はややマンネリです。近ごろは論文もこれにおさまらなくなりつつあります。数百字程度の作文の場合は、「序論」が必要かという問題もあります。

　序論が長引くと、くどい感じになりかねず、主役・主題の登場が遅れる一因になります（58ページ参照）。序論からの三段

論法で書くときは、この点に注意してください。

> （結論→理由→背景・事例）
> 　うちの店は一刻も早く新メニューを開発しないといけない（結論）。駅前に新しいレストランがたてつづけにオープンして、競争が激しくなってきたからだ（理由）。最高売り上げを誇ってきたレディーススペシャルランチやスイーツ食べ放題だけでは、お客を引きつけられない時代がきている（背景・事例）。

「まず結論」がわかりやすい

　普通の散文やエッセイ、ビジネス文書では結論を先に書くほうがわかりやすく、忙しい読み手を助けます。主張をズバリ打ち出すので、インパクトも強まります。

　そこで「結論→理由→背景・事例」が現代にピッタリと言われ始めました。

　事例を早めに出して「結論→事例や説明→印象的なまとめ」という構成もあります。

　何にしても、結論の置き場は最初か最後が適切です。そのうえで序論が必要な論文タイプか、結論重視の散文タイプか——

　文書の性格と目的に応じてスタイルを選んでください。ただし、**迷ったら結論を先に。**たいていの人に結論優先で書くことをお勧めしています。

Lesson 11

起承転結で書く

> 次の、普段よくある会話を文章にしてみましょう。
>
> 子:「お母さん、新しいスマホはすっごく性能がいいらしいよ」
> 母:「へえ、そうなの」
> 子:「ねえねえ、お小遣いを増やしてよ」
> 母:「なによ、急に?」
> 子:「K君が新しいスマホを買ってね、K君の居場所が家のパソコンに映るんだって」
> 母:「へえー、それは便利ねえ。安全にも役立つわね」
> 子:「僕のお小遣いでは買えないんだよ」
>
> ⇒ 三段構成は手紙やビジネス文などの実用文にはよいのですが、長い文章作品には不向きなことがあります。複雑な内容を整理するための代表的な展開パターンが、起承転結の四段構成です。

複雑な話を整理するには

　顔をつきあわせて話をするのなら、どんな順序でも意思が通じます。やりとりの途中で質問できますし、うなずいたり、小首をかしげたりの表情で気持ちを伝え合うこともできます。文章となると、そうはいきません。

　平らな紙に文字があるだけです。それを顔も知らない人に読まれて、すんなりと理解してもらえるようにしなければなりません。書く順序を考えて、少しでもわかりやすい構成にするこ

とが重要です。

起承転結の漢字4文字が並ぶと難しく考えてしまいますが、物事をわかりやすく整理するためのパターンです。

4段階ですっきり整理

書く順番・作品構成を誤ると、短い文章でもチグハグな感じになってしまいます。左ページの会話を文章にすると——

> ❌ **NG文**
>
> **新しいスマホは性能が良くて、K君の居場所が家のパソコンに映るんだって。お小遣いを増やしてよ。ねえねえ、お母さん、K君が新しいスマホを買ったよ。僕のお小遣いでは買えないんだ。**

> 🅞 **改善文**
>
> **ねえねえ、お母さん、K君が新しいスマホを買ったよ。性能が良くて、K君の居場所が家のパソコンに映るんだって。でも、僕のお小遣いでは買えないんだ。お小遣いを増やしてよ。**

「改善文」は、「ねえねえ」という呼びかけで全体を立ち上げ（**起**）、スマホの性能で話をつなぎ（**承**）、「おこずかい」の話に切り換え（**転**）、「増やして」で着地しました（**結**）。

起承転結それぞれが数行、10数行もあることや、何段落かにわたる場合もあります。全体がふくらむほど、大きく4段階に分けることですっきりまとまります。

Lesson 12
「結論を先に」と起承転結

> **A君が急に髪を染めました。**
> ⇒ 読者の関心をひく「起」
> **派手な金髪で目立ちます。**
> ⇒ 読者をさらにうなずかせる「承」
> **実は失恋したのです。**
> ⇒ 話題を切り換えて変化をつける「転」
> **それで元気が出るならいいですけどね。**
> ⇒ 全体を締めくくるとともに、印象を強める「結」

■特徴を活かして組み合わせよう

　起承転結4パーツのコンセプト・考え方を再確認します。

「起」＝話のきっかけを示す。立ち上げる。投げかける。
「承」＝話を発展させる。受け継いで、説き進める。進展させる。
「転」＝場面や話を転じ、雰囲気を変える。変化をつける。
「結」＝全体をまとめる。結ぶ。

　こういう順序で書いていけば、実用文から本格文まで、大半に通じます。自然に流れができて、ちょっとした変化もつけられます。実は特別なことではありません。皆さん自身が実はもう、けっこうやっています。
「うちへ遊びに来ない？（起）　ごちそうを作って待っているわ（承）。でも、今度の金曜日はだめよ（転）。親がくるんだもの（結）」

最強のセッティング

　起承転結では結論が最後にきます。「結論を先に書け」（29ページ参照）と矛盾しないかという疑問が起きます。

　結論をまず書いてからでも、その説明や説得に起承転結は使えます。前項31ページの例文を結論から書いてみます。

改善文

（結論先行型の起承転結）

**　ねえねえ、お母さん、お小遣いを増やしてよ。K君が新しいスマホを買ったよ。性能がよくて、K君の居場所が家のパソコンに映るんだって。でも、僕のお小遣いでは買えないんだ。少し増やしてくれるだけで、いつも家族がつながっていられるじゃないの。**

　こうした「結論＋起承転結」は、とても有効です。ただし、書き出しとまったく同じことを最後に繰り返してもしつこいだけです。

　最後は結論を補強する「ひと押し」か「キーワード」など、印象的な結び・まとめが必要です。ピッタリのキーワードか、印象に残る一言があれば、最強のセッティングができあがります。

　起承転結は文章作品全体を大きく仕分けするだけではありません。結論の後に続く経過説明やエピソード、さらにその中の一節ごとに小さな起承転結を設けていけばいっそうわかりやすくなります。

Lesson **13**
起承転結を活かすコツ

> とんでもないことに気づきました。
> ⇒ 「へえ」と読者の関心をひく「起」
> Aさんに送るはずのメールをBさんに送っていたのです。
> ⇒ 「ほう」と読者をさらにうなずかせる「承」
> AさんとBさんは仲が悪くて有名です。
> ⇒ 「でも」と話題を切り換えて変化をつける「転」
> メールの送信には気をつけないといけません。トホホ。
> ⇒ 「そうかあ」と思わせて締めくくる「結」

各パートを「へえ」「でも」と使いこなす

　起・承・転・結それぞれのパートにははっきりした役割があります。反対に言えば、はっきりと各パートを書き分けることで、思いを読み手にわかりやすく伝えます。

　実際の作文ではどうすればいいか。バリエーションは限りなくありますが、「へえ」「ほう」「でも」「そう」と、4パーツごとに読み手に思わせるのがコツです。それぞれの言葉を読み手が思い浮かべるようにもっていきます。

読み手にこう思わせよう

　書き出しの「起」部分は、読み手に関心を持ってもらわなければなりません。

　左ページの「へえ」は、たいてい「へえ、何それ？」「へえ、なんで？」という疑問を伴っています。意外性か疑問。この2つが「起」のパターンです。たとえば、夏カゼの例文で考えると──

> **起) 夏にカゼをひきました。 ⇒ 「へえ、なんで？」**

次の「承」部分は、「ほう、なるほど」と読み手がうなずくシーンを想像しながら書いてください。

> **承) 冷房をつけたまま寝たからです。 ⇒ 「ほう、そうか」**

冷房の話をおしかぶせて関心を受けとめてもらいました。「承」のパターンは継承・つなぎ、または疑問・発展です。

「転」も2つのタイプがあります。左ページの「メール誤送信の例文」のように雰囲気や場面を変えるか、この「夏カゼの例文」のように「言いたいこと」にシフトするか、です。

> **転) 今年の夏は異常です。 ⇒ 「でも、実は」**

「結」で、読み手に納得してもらいます。

> **結) 猛暑もカゼも秋まで長引きました。 ⇒ 「そう、たしかに」**

「たしかに」とうなずいてもらったうえで、読み手の立場でテーマについて考えてもらえたら理想的です。この場合なら「そうだな、地球温暖化がこんなところでも響いたのかな」とか。

Lesson 14
使える「名訳の極意」

> 起承転結の例によく出される詩があります。
> **君にすすむ　黄金の美酒**
> **満酌　辞することなかれ**
> **花開いて風雨多し**
> **人生　別離足る**

■「転」でガラリと切り変える

　起承転結は中国の古い詩・漢詩の構成からきています。好例としてよく引用されるのが9世紀中国の作品と、その日本語訳です。

　例文は唐の詩人、于武陵（う・ぶりょう）という人が詠んだ、旅立つ友人に酒をすすめる詩です。原文はもちろん漢字ばかり。漢文学者・高木正一さんらのすぐれた翻訳がありますが、ここでは現代語に少し近づけておきました。
「君に黄金にも等しい美酒をすすめる。
　盃に満たすから遠慮するな。
　花が開けば風雨は多いものだ。
　人生も同じで、別れがいっぱいなのだから」
　起承転結それぞれ1行の、合わせて4行です。「起」でシーンを書き出し、それを「承」で展開しています。「転」でがらりと変えて花と風雨のたとえを出すのが、この詩の売りです。「結」でさらばと終わらせます。それぞれのパートが役割をきちんと果たしています。

鮮やかな場面展開

 これだけでも起承転結各パートの狙いはわかりますが、作家・井伏鱒二の有名な日本語訳があります。

> この盃をうけてくれ
> どうぞなみなみと注がしておくれ
> 花に嵐のたとえもあるぞ
> さよならだけが人生だ

 最後の「さよならだけが人生だ」は、聞いたことがある人もいるのでは。絶好のキーワードになっています。
 もっとすごいのはその前の「転」にあたる部分「花に嵐のたとえもあるぞ」です。酒を注ぐシーンからさっと切り換える場面展開の鮮やかさ、ストーンと言い切る歯切れのよさ。文章構成の極意がここにあります。これは学べますし、この手法は使えます。
 もちろん最初から、うまくはいきません。これから「さあ、文章を書こう」という人が起承転結を意識しすぎると、考えているうちに時間ばかりがたちます。
 そうしたときは、型にしばられずに思い切って「結」から書き出す手もあります。「結論を先に」に戻って、その後の説明やエピソードを起承転結スタイルでまとめる最強のパターン（33ページ参照）が完成します。三段構成（28ページ参照）とともに自分の力と書く内容に応じて、うまく取り入れてください。

memo

第2章

書き出すときに

Lesson 15
最初の一文をどう書くか

改善POINT　書き出し文の理想形

①文を短く
②やさしい言葉で
③具体的な内容を

抽象的な理屈はいらない

　どう書き出したらよいか、プロでも迷います。すべてにわたる正解はありませんが、書き慣れない人が凝りすぎるとロクな結果にならないことは確かです。
「文の長短は関係ない、心と情熱で書き出せ」とか、無責任なことを言う学者や自称専門家もいます。少なくとも、これから力をつけようという人には向きません。
　原則は単純です。読み手にわかりやすく、関心を持たれる書き出しをめざします。
　ひとつひとつの文を短くして、やさしい言葉で——この２原則が何より間違いありません。
「心と情熱」は必要ですが、このへんはいくら力説されても曖昧な精神論です。それより、実際にうまく書き出すためには、**できるだけ「具体的な内容にすること」**をお勧めします。抽象的な理屈を書き出しから並べても、ウンザリされるだけです。

書き出しの2パターン

NG文

> 私は、大学で語学の習得に努めて、どうにか外国人と日常会話を交わせるようになったが、仕事上で誤りなくプロジェクトをまとめられる実力をつけるために<u>米国に留学しようと決心した</u>。これからは国際ビジネスの時代だから、何が必要か考えたら、とにかくコミュニケーション能力の向上ではないだろうかと思うのだ。

　回りくどい。言いたいことが盛られてはいても、どれを一番に伝えたいのか、読み手が推定しなければなりません。
　一文が長く、歯切れも悪い。余分なことは切り捨てて簡潔に言いきる必要があります。
　よい書き出しには2パターンがあります。**最も言いたいことからズバリ書き出すか、読み手の興味や想像力を刺激するか。**

改善文

> <u>私は米国に留学しようと決心した</u>。外国人と仕事上で誤りなくプロジェクトをまとめる実力をつけるためだ。大学で語学の習得に努めて、どうにか日常会話を交わせるようになったが、これからは国際ビジネスの時代だ。コミュニケーション能力の向上が必要だと思うのだ。

　読み手の興味を刺激するのは簡単ではありません。ぐずぐずと凝るよりも「ズバリと言いたいことから始める」のなら、書き慣れない人でもすぐにできます。慣れないうちは結論から書き始めるのが、一番確実なやり方です。

Lesson 16
一般論や定義から始めない

❌ NG文 ◆出題テーマ「アメリカ」

アメリカとは、わが国と太平洋をはさんである南北アメリカ大陸のことであるが、多くの人が一言でいう場合はアメリカ合衆国を意味する。幕末の黒船来航以来、第二次世界大戦や戦後の復興など歴史上も現在も日本との関係は深い。安保条約を結んでいて国内に多数の米軍基地もあるなど、重要な国家である。私が2年間、ボストンの大学に留学したとき……

⭕ 改善文

私は2年間、アメリカに留学した。ボストンの大学にいたとき……

✏ 出題テーマを説明するな

出題されたテーマの定義や一般論から一生懸命に書き出す人がいます。「○○とは何か」と、まるで辞書みたいに。これはまったくの考え違いです。

高校や大学の答案やリポートで、定義や一般論から書き出すスタイルにどっぷりつかってきたせいです。専門家の研究論文は別として、普通の人が散文やエッセイを書くときや入学・入社の作文試験などでは、出題テーマの解説から始める必要はありません。

読み手は定義や一般論を素人・市民・学生に求めていません。まして、誰でも知っているような、ありきたりの解説や辞書をひけばすむ程度の話だったら、すぐに飽きられてしまいます。

定義や一般論の書き出しは、ほとんどの場合、いらないと考えたほうがよいでしょう。**平凡な解説よりも「あなた」自身の経験や個性を早く出すことが重要**です。読み手の関心を引きつけて、しっかりと読み進んでもらえます。

百の理論よりひとつのエピソードを

もう一例。

❌ NG文　　◆出題テーマ

> 　夢は睡眠中に夢想・幻想を感じる生理的作用だが、目標という意味で「夢」の言葉を使うこともある。どちらも現実と異なり、その「夢」をどうして見たか・持つにいたったかが、よくわからない。さて、私の夢といえば国際ビジネスマンになることで……総合商社にインターンシップで行ったときに驚いたのは、そこでは……

⭕ 改善文

> 　私は国際ビジネスマンになりたい。インターンシップで行った総合商社には驚いた。そこでは誰もが世界の情報を高速度で収集・分析して、かたときも休むことがない。例えば、先輩社員の1人は……

　迷わず自分を押し出して、それもエピソードから始めるのが効果的です。見聞してきた事実を通じて、言いたいことを伝え、読み手にうなずいてもらいましょう。

Lesson **17**
感想や思考過程から書き出さない

> ❌ **NG文** ◆出題テーマ「10年後の自分」
>
> 　10年後の自分と聞いて、なんのことだろうと思った。考えたこともなかったが、10年したらもう30代だ。結婚しているかもしれないと想像すると、未熟な自分が家庭を持つなんて、なんだか怖くなって、大人の自分を想像する前にまず社会はどうなっているかなあとますます不安で……

📌 発想を転がしてピックアップ

　出題に関する感想を、あれやこれや考える過程から書き出す人もいます。たとえば上記「10年後の自分」という出題に出合ったら──

　NG文は自分の思考過程を追っています。実際に書く内容を決める前の段階です。こうした「発想を転がす」作業は必要ですが、浮かんだことをアレもコレも順番に書き連ねるのは子どもの感想文です。演劇でいえば、けいこ場や楽屋の内輪話で、演劇そのものではありません。

　12ページで「発想を転がそう」と言いましたが、転がす経過を全部書き並べる必要はありません。**転がして浮かんだ中から、書くのに最適なエピソードや体験をピックアップすることが大事です。**

一番言いたいことに合わせて

ピックアップのしかたは十人十色です。

> **改善文①**
>
> 私は<u>結婚しているかもしれない</u>。未熟な自分が家庭を持つなんて、想像しただけでなんだか怖い。大人の自分を想像する前に10年後の社会はどうなっているか……

ほかにもさまざまな角度があります。自分の個性にあわせて焦点を絞り、好みの書き出しを選んでください。

考えたこともなかった点から書き始める選択肢もあります。

> **改善文②**
>
> <u>考えたこともなかった</u>。大人の自分を想像する前に10年後の社会はどうなっているか不安だ。私は結婚しているかもしれない。家庭を持つのが怖くなる……

あるいは「怖い」から書き出したってよいでしょう。

> **改善文③**
>
> <u>なんだか怖くなる</u>。私は結婚して家庭を持っているかもしれない。そのときに社会がどうなっているか不安で……

このほうが読み手を刺激して、インパクトがあるかもしれません。何を選ぶかで筆者の個性やセンスを示せます。

Lesson 18
出題オウム返しはNG

❌ NG文 ——◆出題テーマ**「戦争と平和」**

> 　<u>戦争と平和</u>について書こうと思う。ロシアの作家・トルストイの同名小説『<u>戦争と平和</u>』が知られているが、<u>戦争と平和</u>は人類永遠の課題で、私の学部でも講義でよく取り上げられる。<u>戦争</u>はどこでも悲惨で、やってはいけないことだ。しかし、世界中で繰り返されてきて、今は<u>平和</u>な日本も戦争の例外ではない。

読み手はすでに意識している

　注意してほしいのは、題・タイトルとまったく同じ言葉で書き出さないことです。読み手はまず題名・タイトルを見て、そこから読み始めます。書き出しが題名と同じでは、同じ言葉を続けて読まされることになります。

　自分で題をつけて書くエッセイでもおなじです。

　この筆者はタイトルとわざわざ同じ言葉で書き出しています。読み手はすでにタイトルを知っていますから、「わかっているよ」と言われてしまいます。

⭕ 改善文

> 　ロシアの作家・トルストイの小説に『<u>戦争と平和</u>』がある。どちらも人類永遠の課題で、私の学部でも講義でよく取り上げられる。<u>戦争</u>はどこでも悲惨で、やってはいけないことだ。しかし、世界中で繰り返されてきて、今は<u>平和</u>な日本も例外ではない。

タイトルと本文を通じて、余分な語句は略す必要があります。さらにNG例——

NG文 ◆出題テーマ**「私の旅」**

<u>私の旅といえば</u>、なんといっても海外旅行で……

タイトルの言葉を繰り返すよりは「海外旅行が好きです」で書き出すほうが、まだいい。いきなり「なんといっても海外旅行だ」から書き始めても悪くありません。

もっとよいのは旅先の具体的な場所や出来事から入ることです。読み手の興味を刺激し、「なんだろう、読んでみるか」という気にさせます（18〜21ページ参照）。

NG文 ◆出題テーマ**「春」**

<u>春と聞いて思い出すのは小学校の入学式だ</u>……

この「春と聞いて」は「春と出題されて」に等しい。44ページの「内輪話」にも近い書き方で、お勧めできません。

どうしても同じ言葉が必要な場合は、文中のできるだけ後ろに置いてください。「小学校の入学式でこんなことがあった。春になると、いつも思い出す」のほうがベターです。

出題・タイトルの言葉は、それだけで読み手に強い印象を与えます。本文中のどこかで、とくに最後のまとめで使うと効果的な場合もありますが、**書き出しからタイトルと同じ言葉をダブって使わないようにしてください。**

Lesson **19**
具体的な事実を示す

❌ NG文

> とても丈夫で使いやすく、安くて、斬新な形の新製品ができました。耐久性、使用性能、価格、デザイン性、どの面でも改良され、これまでの数倍すぐれています。ぜひお買い求めください。

✏ 思いを漠然と書くだけでは？

NG文は製品紹介の企画書かパンフレットらしいですが、新製品という以外の情報はお題目の範囲を出ません。

丈夫＝耐久性、使いやすく＝使用性能、安くて＝価格、斬新な形＝デザイン性、どれも言葉を変えただけです。実際にどれぐらい丈夫か、安いか、わかりません。「数倍すぐれた」とは何より、どれだけ？　そこをはっきりさせないと。

書き出しからの2、3行で、読み手をどこまで引きつけられるかが決まります。普通の作文でもビジネス文書でも、思いを漠然と書くだけでは、人はうなずいてくれません。

💬 改善文

> 新製品ができました。これまでの製品に比べて2倍長持ちし、片手でも使えて、値段（希望小売価格）は半額、ひと回り小さくほっそりしたうえにカラーは5色から選べます。

その場にいるように描写して

ビジネス以外も同じです。大天才は別ですが、普通の人には「具体は抽象に勝る」と思って間違いありません。

❌ NG文

私たちのサークルは**イベントがいっぱいで、入会金も年会費も安い**ので、入っても損はありません。

⭕ 改善文

私たちのサークルは、**活動発表会や他校との合同討論会などのイベントを毎月開催**しています。**入会金は2000円、年会費も500円と安い**ので、入っても損はありません。

❌ NG文

高尾山に登りました。山頂からの景色がすごく美しかったので、とても感動しました。

⭕ 改善文

高尾山に登りました。**山頂からは富士山が眺められ、紫がかった雲が夕陽をあびて、いく筋もたなびいていました。夢見るようで、宙に飛び出したいほど**感動しました。

自分が物を買う、会費を払う、そういうときにどんな情報が必要か。山からの景色の何が美しいのか、どう感動したのか。名文ではなくても**事実の提示と場面の描写を添えて、その場にいるような感覚をできるだけ盛り込んでください。**

Lesson 20
文を短く

❌ NG文

　最近はコーヒーをめぐる販売合戦が激しくなって<u>きて</u>、喫茶店やカフェだけでなく、コンビニやファストフード店も味を競っている<u>が</u>、豆のブレンドやひき方はもちろん、カップのデザインや品質までが多彩になったことで<u>あり</u>、客にとっては嬉しい時代がきた。

⭕ 改善文

　最近はコーヒーの販売合戦が激しくなって**きた。**喫茶店やカフェだけでは**ない。**コンビニやファストフード店も味を競って**いる。**豆のブレンドやひき方はもちろん、カップのデザインや品質までが多彩に**なった。**客には嬉しい時代だ。

✏️ ダラダラ長いと飽きられる

　長い文は、読みにくい。読み手が理解するのに時間も手間もかかります。書き手の注意もいきわたらず、誤りのもとです。

　ダラダラした印象にもなります。飽きられ、ときにはウンザリされてしまいます。たいてい、どこかに切れ目があります。句点のマル「。」を打って、文を2つか3つに仕切ります。

改善POINT

「〜が」や「〜で」「〜し」などでつなげると、文は長くなる。その前後で文を分けられないか、考えよう

パッパと歯切れよく仕切ろう

長短問題でよく引き合いに出される例があります。

 NG文

吾輩は猫なのだが、**自分の**名前はまだなくて、**いったい**どこで生まれたかも**とんと**わからない。

改善文

吾輩は猫である。名前はまだない。
どこで生まれたか頓と見当がつかぬ。

　夏目漱石『吾輩は猫である』の冒頭（旧漢字は原作による）です。「猫なのだが」と反転させなくても、マルを打つだけで歯切れよくつながります。「自分の」はなくてもわかること、「いったい〜とんと」はどちらかで十分です。

　話をするときは、表情や声の変化もあるので、少々長くてもそれほど気にされません。文章では、相手（読み手）は紙や画面しか見ませんから、疲れやすく、飽きやすい。テキパキと仕切ることで、相手の関心はむしろ高まります。

　一文は長くても40字以内をメドに、それもできるだけ短く。とくに書き出しは54ページで触れるように、短文が有効です。「短ければよいとは限らない」との意見も一部にありますが、理屈っぽいだけの非実用的な考え方です。これから上手になりたいという人には向きません。

Lesson 21
ひとつの文に詰め込まない

❌ NG文

　私は運動能力の中でも足の速さだけは自信があり、100メートルと200メートルで高校総体に出場したが、決勝まで進めなかったので、陸上競技の短距離選手としては中途半端だったと自覚して大学ではラグビー部に入り、バックスのポイントゲッターをめざすことにして毎日、練習に励んでいる。

✏️ ひとつの文にはひとつのことを

　最初から最後まで136字の一文に「足の速さに自信」「高校総体に出場」「決勝まで」「自覚」「大学では」……いくつもの事柄が詰めこまれています。

　詰め込みすぎは文がダラダラと長引くばかりか、誤解や混乱のもとです。ルーズで決断力に乏しい印象を与えます。

　ひとつの文に入れられる情報量は限られています。アレもコレもと詰め込んでも、読み手はいっぺんに理解しきれません。事柄ごとに分けて書けばいいことです。

⭕ 改善文

　私は運動能力の中でも足の速さだけは自信があった。100メートルと200メートルで高校総体に出場した。それでも、決勝まで進めなかった。陸上競技の短距離選手としては中途半端だったと自覚して、大学ではラグビー部に入った。バックスのポイントゲッターをめざして、毎日、練習に励んでいる。

このように全部を常に独立させなくてもよいですが、**ひとつの文にはひとつの事柄だけを入れるのが理想です**。せいぜい2つまで、それも続けざまにやらないようにしてください。

📝 文を分けながら余分な語句を削る

 NG文

> 　日中という国家関係の重要度が日に日に高まっており、日中間の海である東シナ海をはさんで事実上接しあっているうえに歴史的にも幾多の長いかかわりを経てきたのですぐただちに理解しあえるはずなのだが、しかし私が中国の首都・北京と並ぶ代表的都市・上海で長く暮らした経験からすると、そうは簡単にはいかず、小さな誤解が発生して、やがて大問題にまで発展することがよくあって、とかくギクシャクしてしまう。

改善文 ⬇

> 　日中関係の重要度が高まっている。東シナ海をはさんで事実上接しあっているうえに歴史的にも長いので、すぐに理解しあえるはずだ。しかし、私が上海で長く暮らした経験からすると、そう簡単にはいかない。小さな誤解が大問題に発展して、ギクシャクしてしまうことがよくある。

　NG文は長いうえに、当然のことや余分な言葉がいくつも入っています。句点「。」を打って文を分けますが、それだけではまだ不十分です。

　文を分けるとともに余分な語句を削り取ります。何が必要で、何がいらないかを見きわめます。**すっきり言い切る短文をトントンとリズムよく書きましょう。**

Lesson 22
書き出しはとくに短文で

❌ NG文

　メロスは政治がわからず、父も母もなく女房もいない村の牧人で、笛を吹き、羊と遊んで暮して来たが、邪悪に対しては人一倍敏感だったので、必ずかの邪知暴虐の王を除かなければならぬと決意して激怒し、きょう未明に村を出発し、野を越え山越え、十里はなれたこのシラクスの市にやって来た。……

⭕ 改善文

　メロスは激怒した。必ず、かの邪知暴虐の王を除かなければならぬと決意した。メロスには政治がわからぬ。メロスは、村の牧人である。笛を吹き、羊と遊んで暮して来た。けれども邪悪に対しては人一倍に敏感であった。きょう未明メロスは村を出発し、野を越え山越え、十里はなれたこのシラクスの市にやって来た。メロスには父も、母もない。女房もない。……

✏ ズバリ言いきって勢いをつける

　教科書によく出る太宰治『走れメロス』の書き出しを例文に仕立てました。「改善文」として示した原作はひとつひとつの文に詰め込みすぎず、短文でまとめています。

　書き出しの一文がとくに短く、ズバリと言い切ります。読み手の心をとらえて、最後まで読んでもらう勢いをつけられるかどうかが、ここで決まります。

　読み手は調子がまだ出ていません。下手をすると、最初の一文だけで読むのをやめてしまうかも知れません。**ほとんどの人**

にとって間違いない書き出し、それは短文で、きっぱり言い切ることです。「5W1Hで書かなければ」と思い込んでいる人がいます。こだわる必要はありません。

情景が浮かぶように

書き出しの名手といわれた川端康成の『雪国』――
国境の長いトンネルを抜けると雪国であった。

⇒ いきなり白一色の世界が開けます。山、暗いトンネルの先、そして里の冬景色など、こうした風景がパッパッと読む人の頭に浮かびます。列車のスピードまでが感じられます。何十字もかけて風景を細かく描写するよりも、よほど効果的です。

もう一人の名手、島崎藤村の『夜明け前』――
木曽路はすべて山の中だった。

⇒ これだけです。ああだ、こうだと書かなくても、この一文で街道、山、そこを行く人の姿までがイメージされます。これらに共通するのは――

改善POINT

① 書き出しは短く、端的に
② 5W1Hをいっぺんに入れようとしない
③ 読み手の想像力を刺激し、何かなと思わせる

長い書き出しも、とくに海外の小説やエッセイにはあります。しかし、これから文章を書こうという人には向きません。

短文のほうが、迷いにはまる確率も少なく、誰でもやりやすい。修正もすぐにできます。歯切れよく書き出してください。

Lesson 23
「だ」「です」の文体を統一する

> ❌ **NG文**
>
> 　私の故郷は自然が豊かで、山も海もある。山は県北に連なっている。海は太平洋へとつながっています。素晴らしい景色だ。とてもめぐまれています。いちど来たら、誰でも好きになるはずだ。

> ⭕ **改善文**
>
> 　私の故郷は自然が豊かで、山も海もある。山は県北に連なり、海は太平洋へとつながっている。素晴らしい景色だ。とてもめぐまれている。いちど来たら、誰でも好きになるはずだ。

原則はどちらかに統一

　文の終わり方には「～だ・である」（常体）と「～です・ます」（敬体）があります。雰囲気が変わってきます。「ございます調」もありますが、実際にそうは使いません。迷うのは「だ・である」と「です・ます」のどちらで書くかです。

　改善文は「だ・である調」でまとめましたが、「山も海もあります」「好きになるはずです」などと、「です・ます調」で揃えることもできます。

　どちらでもよいけれど、どちらかに統一が必要です。語調をばらばら、不規則に出すと、読み手が戸惑います。一部分だけをわざと変えて印象深くする人もたまにいます。あり得る方法ですが、狙い通りの共感よりも違和感を持たれるケースのほうが多いので注意がいります。

特徴を見きわめて

　読み手に与える印象を考えて、強いイメージでいくか、やわらかな感じで包み込むかで選びます。読んでもらう相手や伝える内容・目的に合わせてうまく使い分けてください。

　特徴を大ざっぱに分けると――

だ・である調
- 手堅い ・毅然として断定的 ・テンポと切れがよい
- 簡潔 ・字数がかからず、バリエーションも豊か
- 主張やメッセージを自然に打ち出せる
- 内容重視の論文や報告書に向く
- 強すぎて感情を刺激する要素もある

です・ます調
- 丁寧 ・柔軟で謙虚 ・説得口調で穏やか
- 親切 ・字数がかかりバリエーションに乏しい
- 主張をぼかしやすい
- 不特定多数や子ども向けに適する
- 軽すぎて迫力に欠けるケースもある

　ただし、どちらも文章の中身次第で強くも軽くも、きつくも優しくもなります。書き出すときに全体の雰囲気や読み手に与えるトーンの強弱を見きわめておきましょう。

Lesson 24
主役を早く出す

❌ NG文

　「レキジョ」と呼ばれるぐらい歴史好きの私は、聖徳太子の知的なイメージや清少納言の才女ぶりに憧れています。北条政子の熱い恋がうらやましい。明治維新に最後まで抵抗した土方歳三の男らしさは感激ものです。これからも調べて楽しむつもりです。**一番すばらしいと思ったのは織田信長**で、ほかにはないスケールと革新性に私が初めて感激したのは……

⭕ 改善文

　「レキジョ」と呼ばれるぐらい歴史好きの私が**一番すばらしいと思ったのは織田信長**で、ほかにはないスケールと革新性に私が初めて感激したのは……
　聖徳太子の知的なイメージや清少納言の才女ぶりにも憧れています。北条政子の熱い恋がうらやましい。明治維新に最後まで抵抗した土方歳三の男らしさは感激ものです。これからも調べて楽しむつもりです。

📝 中心人物が登場しないドラマでは？

　文章には中心人物や主題があります。それがなかなか出ないで前段ばかりが長いと、読む人はいらいらします。イメージが固まらず、全体の輪郭もはっきりしません。
　主役がいつまでも登場しないドラマと同じです。**中心テーマや人物をできるだけ早く、ときには最初から出す**。わかりやすい書き方の基本スタイルです。
　「NG文」では、読み手に「あ、織田信長の話だったのか」とわかってもらえるのは、だいぶたってからです。

それで印象づけられることもたまにはあります。ただ、どうにも危ない書き方です。そこまでいく前に、読み手にウンザリされる可能性が大きい。とくに就職試験のように、試験官・採点者が大量の作文を読む場合は気をつけないといけません。

伝えたいこと＝知りたいこと

ビジネス文書やイベントの案内状などでも注意がいります。「脇役」の途中経過より「主役」の結論を優先してください。それが一番伝えたいことであり、相手が一番知りたいことです。

 NG文

弊社は新時代の製品開発を重視してまいりました。そのため研究要員を増やし、予算面でも投資を……5年をかけて新製品「ABC」をようやく完成させました。

全国に販売網を持つ御社のご協力がぜひとも必要です。販売に関して御社のお力があれば、いずれにとっても有益と……弊社との==業務提携をご検討いただきたくお願い申し上げます。==

改善文

弊社の新製品「ABC」の販売について==業務提携をご検討いただきたくお願い申し上げます==。全国に販売網を持つ御社のご協力がぜひとも必要です。

弊社は新時代の製品開発を重視して研究要員を増やし、予算面でも投資を……5年をかけてようやく完成させました。御社のお力があれば、いずれにとっても有益と……

Lesson 25

ピントを合わせる

❌ NG文

　マンション適地の条件は、地盤や建物の基本構造がしっかりしていること、駅か幹線道路に近いこと、管理人が常駐していること、廊下やエレベーターの照明が完備していること、それに買い物の便や入居者同士のコミュニケーションが取れるかどうかも重要だ。

✏️ なんでも書けばよいわけでは？

　これは「マンションの条件」であって、「マンション適地の条件」ではありません。
「適地」は、そこの土地がマンションに適しているかどうかの地理的な状態を指します。駅に近いかといった「交通の問題」や、この文章で言えば「地盤」や「買い物の便」も入ります。しかし、「建物の基本構造」「管理人」「照明」「コミュニケーション」は、建物そのものや運営実態の話です。ピントがずれています。

⭕ 改善文

　マンション適地の条件は、地盤がしっかりしているかどうか、駅か幹線道路に近いことや買い物の便がどうかも重要だ。

　設備やコミュニケーションまで入れるなら、書き出しを「マンション選びの条件」「マンション全般の条件」と改めるか、別々に書き分けます。
　最初の一文を書いたあと、さあとばかりに知っていること、思い浮かんだことを次から次へ書き込んでいくと、こうなりま

す。たとえ短文に区切っていても、思いつく材料をなんでも書けばよいというものではありません。

📝 書く内容を絞り込む

ひとつひとつの段落ごとにもピントを合わせて、チグハグにならないように、内容を絞り込んでください。

> ❌ **NG文**
>
> 彼がロサンゼルスの大学に留学した。今ごろはカリフォルニア生活を楽しんでいるだろう。あちらの大学の試験に通るまでが大変だった。私はニューヨークに2年間いたというので、よく相談された。ニューヨークほどおもしろい街は珍しい。セントラルパークはきれいだし、ニューヨーカーたちは考え方がしっかりしていて、男女ともセクシーだ。空港は合理的で……

> 🎯 **改善文**
>
> 彼がロサンゼルスの大学に留学した。今ごろはカリフォルニア生活を楽しんでいるだろう。あちらの大学の試験に通るまでが大変だった。私はニューヨークに2年間いたというので、よく相談されたが、ニューヨークのことしか知らないから少しまいった。それでも、米国の学生生活について知っていることは全部教えた。たとえば、どの大学でも……

もし書く材料が足りないからといって、ピントはずれなことにまで広げてはいけません。この「改善文」でいえば、「知らないから少しまいった」までです。「NG文」のようにニューヨーカーの特徴や空港のことにそれては、焦点がぼけてしまいます。

Lesson 26
積極的改行で好感度アップ

> **NG文**
>
> 　会議で誰が何を言ってもかまわないことになっているが、新入社員はメモを取るばかりで、ほとんど発言しない。例年そうで、こまったものだ。それが2年目や3年目になると様変わりする。たいていが積極的で、おもしろい意見も出る。4年目以上はまたまた慎重になるからおかしい。ものを言わないのが貫録だと勘違いしているのではないだろうか。

> **改善文**
>
> 　会議で誰が何を言ってもかまわないことになっているが、新入社員はメモを取るばかりで、ほとんど発言しない。例年そうで、こまったものだ。
> 　それが2年目や3年目になると様変わりする。たいていが積極的で、おもしろい意見も出る。
> 　4年目以上はまたまた慎重になるからおかしい。ものを言わないのが貫録だと勘違いしているのではないだろうか。

ちょっと注意すれば誰でもできる

　試験を間近にした高校生や大学生からよく「作文をうまく見せる手を教えて」と相談されます。「努力しなくてもすぐできる手は？」とまで。そんな即席マジックなんて本来はありませんが、そういうときに勧めるのが改行です。

　書き慣れない人が懸命になると、全字数、原稿用紙でいえば

全部のマスをびっしりと埋めてしまうことがあります。「NG文」は159字を一度も改行していません。こんな感じでは、読み手はたまりません。ウンザリして、最後まで読んでくれない可能性もあります。

ひとつかふたつ、改行することでグーンと読みやすくできます。これなら普通は、歯を食いしばるほどの努力はしなくても、ちょっと注意すれば誰にでもある程度の効果をあげられます。

■ ごまかしではなく基本中の基本

改行でできる余白は、無駄なスペースではありません。微妙なひと呼吸を読み手に与え、書き手にとっても文章にリズム感やテンポが生まれます。もちろん、改行したら行頭の1マスをあけることを忘れずに。

ビジュアルが重視される時代、読んでもらえること・読みやすくすることは小手先のごまかしではなく、基本中の基本です。では、どこで改行したらよいか——

改善POINT

①内容が変わるときは、改行する
⇒ ここから変わりますよと読み手に示してあげます。1行でも、必要ならやってかまいません。

②同じ内容でも、長く続く場合は改行する
⇒ 読みやすくするためのサービスです。内容にもよりますが、長くても10行いかないうちに1回はやると思ってください。

とくにメールでは、改行やときには1行あけることが重要です。**エントリーシートや企画書も、びっしりと書きつぶさないように気をつけてください。**

Lesson 27
はっきり言い切れ

❌ NG文

　サークル内に勝手に行動する人がいるという意見は、鋭い指摘だと言ってよいのではないだろうか。これでは皆がばらばらになってしまうかもしれない。まず何から始めるかを全員で話し合って、活動方針を統一するべきかと思われる。

⭕ 改善文

　サークル内に勝手に行動する人がいるという意見は、鋭い指摘だ。これでは皆がばらばらになってしまう。まず何から始めるかを全員で話し合って、活動方針を統一するべきだ。

✏ 伝えるためには自信をもって

　NG文はサークルのまとめ方について述べていることはわかりますが、節目や結論に近づくとぼやけてしまいます。
「〜よいのではないだろうか」は、「よいのではないか」よりも弱く、ズバリと「よい」よりはさらに弱い言い方です。「〜かもしれない」は「〜でないかもしれない」にも通じます。「〜かと思われる」は、君はそう思うから書いたのだろうと問いたくなります。

　NG文は回り回ってお伺いをたてるようです。これでは、せっかくの気持ちを自分自身でぼやかしています。何かを伝えるために書くのですから、自信をもって言い切らないと意味がありません。

きっぱり書くことで文章は輝く

改善POINT

①あいまいな表現はしない
⇒ とくに最後をはっきり言い切ってください。
②あいまいに終わると「自信がない」と受けとられる
⇒ ぶれずに、断定的に書くぐらいの気持ちが必要です。

　政治家や役人はごまかすために、わざとあいまいな言い方をするときがあります。そういう場合以外は、きっぱりハキハキと書くことで説得力が増し、文章自体も輝きます。書き出しや結論をあいまいにしないように注意してください。

　とくにビジネスや行動をうながす文書では意思をはっきりさせないといけません。あいまいな結び方をすると仕事が進まず、思わぬ方向にいってしまうこともあります。

 NG文

新製品の発売は景気が回復するまで待つほうが、あるいはよいのではないだろうか。

 改善文

新製品の発売は景気が回復するまで待つほうがよい。
⇒ 「よいだろう」でもかまいませんが、それが限度です。

Lesson 28
ここで素早くチェック

> **CHECK POINT**
> ①読み手を立場やニーズを意識しているか
>   （→ 18・20 ページ参照）
> ②「設計図」通りの内容で書き出しているか
>   （→ 26 ページ参照）
> ③出題の定義や平凡な一般論を書いていないか
>   （→ 42 ページ参照）
> ④簡潔な、短い文で書き始めているか
>   （→ 54 ページ参照）
> ⑤無関係の内容や横道にそれていないか
>   （→ 60 ページ参照）

ポイントを絞って１度見直す

　文章を書き終えたときに読み返してミスや書きもらしがないかをチェックします。これを推敲(すいこう)といいます。全部を書きあげたら全面的に推敲しますが（190 ページ参照）、できたら**書き出し部分を終えた段階でまず一度見直す**とよいでしょう。

　最初の一節で誤ると、思いもしない方向にいくことがあるからです。とくに、慣れないうちは書き出し段階での推敲が有効です。見当違いを防げます。

　書いている途中ですから、あらゆる面にわたって何回も読み返す時間の余裕はありません。自信がないポイントに絞って、ひとつかふたつを重点的にチェックします。

音読、黙読、プリントしてもよい

　プロのライターや作家でも推敲をしない人はまずいません。一度で完ぺきな文章ができる人も、ごく少ない。面倒でも重要な作業です。

　自宅や空き教室など許される環境なら、声を出して文章を読みます（192ページ参照）。試験会場では声を出せないので、目でしっかり読みとります。

改善POINT

- 音読か黙読のどちらでも、スムーズに読み進められるか、進まないかを見きわめる
- つかえる個所があったら、そこにたいてい問題がある

　書き出しに限らず、文章は読みながら書くと滑らかな流れにのっていけます。ひと呼吸おくことで、読み手に近い視点に立てるからです。

　考えてもいなかった新発想を得ることもあります。これも書き出し後の早い段階で気づければ、さっそく文章に取り入れられます。

memo

第3章

基本に沿ってしっかり書く

Lesson 29
ひとつの文にはひとつの解釈

❌ NG文

① 2と3の5倍はいくつですか。
⇒ 答えは2通りあります。「17」か「25」か、食い違いのもとです。

② カゼで学校に行っていない。
⇒ この人はカゼをひいたのか、カゼがはやっていて学校全体が休みになったのか？

③ 明日、大会はしません。
⇒ 大会が延期か中止か、わかりません。「大会はもうやらないと思った」と一方的に決めつける人もいそうです。

📙 解釈が複数あっては誤解のもと

NG文はどれも書き手の思いと読み手の解釈が食い違う可能性があります。とくに①は読み手によって答えが変わります。せっかく書いたのに誤解のもとです。書き手が伝えたいことと読み手の受けとり方がかみ合わないためです。**句読点を正確に打つか、誤解されない書き方を考えます。**

⭕ 改善文

① 2と、3の5倍はいくつですか。
⇒ 2＋3×5＝17
・2と3の、5倍はいくつですか。
⇒ （2＋3）×5＝25

②カゼで学校を休んでいる。
・カゼで学校が閉鎖されている。
③大会は〇〇日に延期されました。
・大会は中止されました。

　誤解の可能性が少しでもあれば消し、意見や情報を適切に伝える姿勢が必要です。**誰に読まれても「ひとつの文にはひとつの解釈しかない」ように書かないといけません。**

📝 読み手は何も知らない

　文章の書き方、言葉の並べ方の問題だけではなく、必要な語句がすっぽり抜けてしまう場合もあります。

NG文

　　いなくなってから、悲しくて食事もできませんでした。私は〜

　こういう書き出しのエッセイがありました。筆者にとっては当たり前のことでも、読む人には誰がいなくなったのか、わかりません。家族か恋人か、愛犬や猫かもしれません。

🔴 改善文②

　　〇〇がいなくなってから、悲しくて食事もできませんでした。私は〜

　書き手は、書こうとする内容を何でも知っています。読み手は何も知りません。そればかりか、読み手のご都合次第で一方的に解釈されることもあります。「それは読み手が悪い」といっても何も解決しません。情報の発信者である書く側がまず、**誤解や曲解をされないようにすることが基本です。**

Lesson **30**
主語と述語を正しくセットする

店長の言い分は、忙しいから仕方ないとごまかそうとした。

⇒ ごまかそうとしたのは店長で、「言い分」ではありません。主語と述語を正しくセットしないと。

改善文

・<u>店長は</u>、忙しいから仕方ないと<u>ごまかそうとした</u>。
・<u>店長の言い分は</u>、忙しいから仕方ないという<u>ごまかしだ</u>。

「誰が・何だ」「誰が・何する」関係をズラさない

NG文の主語は「言い分」です。「言い分は〜ごまかそうとした」ではかみ合いません。「店長」を主語にすれば、「店長は〜ごまかそうとした」で自然な形になります。

文章の骨格は主語と述語です。**主語と述語がずれないように、しっかりセットしなければなりません。**

土曜日の練習は、全部員がそろえる1日だ。

改善文

土曜日は、全部員がそろって練習できる1日だ。

主語を述語がミスマッチ

　読めばわかるだろうと乱暴に書き飛ばすと、主語と述語がミスマッチして、ちぐはぐな文章になります。

NG文

> アメリカ留学の経験は、私の実力をさまざまな面でつけることができた。

「私」「経験」のどちらを主語にするかで述語が変わります。「私」を主語にすれば、「経験」は実力をつけるための手段になります。

改善文

> アメリカ留学を経験したことで、私はさまざまな面で実力をつけることができた。

　「経験」を主語にして書く場合は、「経験がつけることができた」ではおかしいので、経験に対応する述語が必要です。

改善文

> アメリカ留学の経験は、さまざまな面で私が実力をつける機会になった。

「経験」という主語にマッチする述語を考えました。それが「(機会)になった」です。**何を主語にするかを見定めて、述語とのワンセットをしっかり作ってください。**

Lesson **31**
能動・受動のミスマッチをしない

> **NG文**
>
> 　会社のやり方は、パート・アルバイトの人権が軽視されています。
>
> **改善文**
>
> ①会社のやり方は、パート・アルバイトの人権を軽視しています。
> ②会社のやり方では、パート・アルバイトの人権が軽視されています。

つじつまが合わなくなるケースに注意を

　主語と述語のかみ合わせで、ついうっかりやってしまうのが能動態と受動態の行き違いです。NG文は、「会社のやり方」が主語のはずですが、受け身形（受動態）の述語「～されています」ではつじつまが合いません。「やり方」自体が「軽視されている」ことになります。

　改善文①は、「会社のやり方」を主語にして、述語を能動態にしました。

　改善文②は、「会社のやり方」を大きな全体状況に変えて、代わりに「人権」を主語にしました。これだと述語は「軽視されています」の受動態のままです。人権が軽視されるわけで、つじつまが合います。

　主語をしっかり定めると、述語が能動か受動かも決まってきます。何を中心に書いていくのかを意識して使い分けてください。

述語がそぐわないと……

おかしなミスマッチは他にもあります。完全な誤りとまではいかなくても——

お客様の質問は、早めに返答されなければならない。
⇒ なんだかシックリこないな？

改善文

お客様の質問には、早めに返答しなければならない。

委員会は、次回の開催日を決められていません。
⇒ 委員会は「決める」場ですが、主語と受動態の述語がそぐいません。これでは議論がもめて「決められない」ともとれます。それなら、もめたことを書き添えるべきです。「決める」と「決まる」の区別もチグハグです。

改善文

・**委員会は、次回の開催日を決めていません。**
・**委員会で、次回の開催日は決まっていません。**
・**委員会の次回開催日は決まっていません。**

Lesson 32
主語と述語を近づける

- 彼はスポーツマンです。
- 彼は明るいスポーツマンです。

述語が離れるのは飽きられる一因

　主語と述語が近くにあるほど、読み手は理解しやすくなります。途中に修飾語が入ると離れてしまい、読み手はそれだけ余分に頭を使います。この例文なら簡単ですが、もっと長い言葉が前後や途中に入ることはよくあります。

> あそこで女性たちとさかんに話している彼は、何事にも明るくて積極的なスポーツマンです。

　もっとすごいのもあります。主語と述語を備えた文の中に、もうひとつ、ときにはいくつも主語と述語のある説明文が加わるケースです。

> あそこできれいな女性たちとさかんに話している彼は、陸上競技の県大会に出場して新記録を作ったうえに何事にも明るくて積極的だと皆に評判がとてもよい本校きってのスポーツマンです。

内容次第でウンザリ

やさしい内容ならまだよいですが、難しい話だとウンザリされる可能性が高まります。

 NG文

　近ごろの円安は、自動車や電機などの輸出型大企業に大いにプラスになったのとはあまりにも対照的に、原材料を海外に頼って財務内容も不安定な中小企業の経営を激しく揺さぶっている。

⇒　中心的な主語「円安」と述語「揺さぶっている」の間に説明文や修飾言葉がいくつもあります。途中の説明文自体が述語を持っていますから、理解に手間がかかります。

改善文

　近ごろの円安は、中小企業の経営を激しく揺さぶっている。中小企業は原材料を海外に頼って財務内容も不安定だからだ。円安が自動車や電機などの輸出型大企業に大いにプラスになったのとはあまりにも対照的だ。

改善文では、主語「円安」と述語「揺さぶっている」を近づけて、まず結論を書きました。次に、そのわけ・中小企業の現状をあげます。最後に大企業の状態をつけ加えました。

誰（円安）が何をして（中小企業を揺さぶって）、その事情はこういうことだと分けて書く。読み手が理解しやすくなります。

Lesson 33
主語を省ける場合がある

❌ NG文

彼は太りすぎだ。彼は85キロもある。彼はまだ20代なのに、腹がつき出ている。彼は友達に勧められてダイエットを始めたが、彼は「僕には向かない」とやめてしまった。甘いものが好きなだけでなく、彼は自分に甘いのだ。

✏ 多すぎるとウンザリされる

主語は必要ですが、多すぎるとうっとうしくなります。必ず書き続けるのではなく、**略しても混乱しないときは省いてすっきりさせます**。

NG文は「彼」がやたらと登場しすぎです。ダイエットのところでは、ひとつの文中に「彼は」が2回も出ています。読み手にうるさがられます。

🔴 改善文

彼は太りすぎだ。85キロもある。まだ20代なのに、腹がつき出ている。食べすぎや運動不足をなんとかしないといけない。友達に勧められてダイエットを始めたが、「僕には向かない」とやめてしまった。甘いものが好きなだけでなく、彼は自分に甘いのだ。

6回出た「彼は」を2回にしました。この内容なら、大半を省いても通じます。最後も略せますが、強調の意味でこれぐら

いは残してもかまいません。そこはニュアンス次第で、どちらもあり得ます。

「人々」「世の中」を省く言い方

他にも主語を省けるケースがあります。

---

①客観的な事実や確立された原理原則を述べる場合
　　例）プライバシーを守ることは重要だが、「言論の自由」との関係をきちんと考えなければならない。
②「世の中」や「世間」、「人々」などを中心に幅広く一般的な言い方をする場合
　　例）バブル崩壊以来、どうもパッとしない。不景気が長引いて、なにか暗いなあ。
⇒　「どうもパッとしない」「なにか暗いなあ」の前に「世の中は」「世間は」が省かれています。

　日本語は主語がよく省かれる言葉です。**省いてよいのは、主語がなくてもわかり、他の人や物事と混ぜこぜにされないときです。**

　ないほうが明らかにすっきりし、かつ間違いなく読める個所では「必ず主語を」の定型にこだわる必要はありません。的確に省くことで読み手に快いリズム感が生まれます。

Lesson **34**
主語の入れ替えに注意する

> ❌ **NG文**
>
> ①両親はよく噛んで食べろと言って、大きく育った。
> ②新しいコーチがびしびし指導して、うまくなった。
> ⇒ 誰が育ったのか、うまくなったのか、明示していません。誰の話なのか、はっきりしません。
>
> ⭕ **改善文**
>
> ①両親はよく噛んで食べろと言って、子供らを大きく育てた。
> ・両親によく噛んで食べろと言われて、子供らは大きく育った。
> ②新しいコーチがびしびし指導して、皆をうまくした。
> ・新しいコーチにびしびし指導されて、皆がうまくなった。

📝 読み手が振り回される

　主語が途中で入れ替わることが、よくあります。NG文①②ともに、入れ替わった主語が示されていないので、文章として不完全です。チグハグな感じになり、中心がぶれてしまいます。
　主語をひんぱんに替えると、そのたびに読み手は視点を変えなければならず、疲れます。

主語を替えたら示す

どうしても主語を入れ替える場合は、新しい主語を示します。主語が替わったことを読み手に知らせてあげなければなりません。

NG文

全員が支持して、キャプテンになった。

改善文

- **全員が支持して、○○をキャプテンにした。**
- **全員に支持されて、○○がキャプテンになった。**
- **全員の支持で、○○がキャプテンになった。**

主語を省くことと入れ替えることは、違います。

省けるのは主語が明らかで、他の人や物事と混乱しないときです（79ページ参照）。そうでないときに「なくてもわかるだろう」と書き手の独断で略したままにすると、読み手は戸惑います。

NG文は「キャプテンになった」というだけでは、私かも、Aさんかも、B君かもしれません。**主語が入れ替わるときは明示してください。**

長い作品では、主語を省いても、前からの主語が替わらないことがあります。その場合は、たとえば「○○はとても人気がある……全員に支持されて、キャプテンになった」と受け身の形にすれば、主語が途中で替わらず、混乱しません。

Lesson 35
主語につく「は」「が」を使い分ける

> NG文
> ①そこに山はあるから登るのだ。
> ②予選を突破したのが、彼のおかげです。
>
> 改善文
> ①そこに山があるから登るのだ。
> ②予選を突破したのは、彼のおかげです。

あとにどちらをつけたら？

　主語のあとにつける助詞「は」「が」によって、全体のニュアンスが変わります。

　改善文のようにすれば、①は主語の「山」そのものを強めます。改善文②は「彼のおかげ」をしっかりと指し示します。
「AはBする」「AはBだ」のように「は」と書くと、主語Aの係り先であるBに力点があります。

例)「彼女は走る」「彼は勝負師だ」「予選を突破したのは、彼のおかげだ」

「が」はたいてい、Aつまり主語そのものに重点が置かれます。
例)「彼女が走る」「彼が勝負師だ」「山があるから登るのだ」

　使い分けないと、文が安定せず、読み手に違和感を持たれます。

ニュアンスに微妙な違い

> 彼女<u>が</u>なんてすごい美人なのだろう。女優100人<u>は</u>来ても負けないぞ。
>
> ⇒ これも不自然です。彼女が美人なのはまだわかりますが、「負けない」のは誰が誰に？

> 彼女<u>は</u>なんてすごい美人なのだろう。女優100人<u>が</u>来ても負けないぞ。
>
> ⇒ 美人の比較話です。前半の文は「美人」に、後半は「女優」にそれぞれの重点を置きました。
> 「彼女がなんてすごい美人なのだろうと思わない人は珍しい」という言い方ならあり得ます。

　また、どちらを使っても文章として成立する場合もあります。たとえば「山本君が最高の選手だ」と「山本君は最高の選手だ」。

　どちらも不自然ではありません。ただし、ニュアンスが変わります。それぞれの重点が「山本君」か「最高の選手」かに違いが出てきます。山本君がドーンと存在するか、チーム内での比較か。これら助詞の違いが日本語の繊細なところです。状況や雰囲気に合わせて、うまく使ってください。

Lesson 36
「は・は」「が・が」文を避ける

> ❌ **NG文**
> ①一生懸命に働いたアルバイト<u>は</u>臨時ボーナスをもらえるという規則<u>は</u>、業界でも話題になるだろう。
> ②日本人<u>が</u>好む食べ物<u>が</u>いっぱいあること<u>が</u>素晴らしい。
>
> ⭕ **改善文**
> ①一生懸命に働いたアルバイト<u>が</u>臨時ボーナスをもらえるという規則<u>は</u>、業界でも話題になるだろう。
> ②日本人好みの食べ物がいっぱいあって素晴らしい。

不自然なら文を分けるか省略する

　主語のあとにつく助詞「は」や「が」を同じ文の中で2回以上使うと、とたんに読みにくくなります。「**〜は〜は**」文、「**〜が〜が**」文は、読みにくい文の代表格です。

　どれかを別の表現や言葉に換えます。どこに重点を置くかによって修正方法は変わってきますが、①は、どちらかを換えるだけでも改善される例です。

　簡単に換えられないときは、文を分けるか、省略するなど、前後の文章もふくめて変更を考えましょう。改善文②では「が」をひとつとるために、「日本人が好む食べ物」を「日本人好みの食べ物」と言い換えました。

簡略化とカギカッコをうまく使え

文全体を簡略にすることで解消できる場合もあります。

①今度の連休は僕は遊びに行くことはしない。
②論文にはゼミ生が積極的に取り組んだ研究成果がすべて盛り込まれています。

①今度の連休に僕は遊びに行かない。
②論文にはゼミ生の積極的な研究成果がすべて盛り込まれています。

NG文でも意味は通じますが、語呂が悪いうえに、スムーズに読みとれません。読み手に余分な頭を使わせます。

引用文に「は」や「が」がある場合はどうしたらよいか。引用部分を勝手に変えられませんから、カギカッコ「　」やダーシ──などを使って区分けするとスッキリします。

吾輩は猫であるで書きだす漱石の作品は素晴らしい。

「吾輩は猫である」で書きだす漱石の作品は素晴らしい。

Lesson **37**
もうひとつの「が・が」「の・の」文

❌ NG文

①彼<u>が</u>僕に彼女<u>が</u>自分勝手な女性だと嘆いていた<u>が</u>、あれは勝手な言い分だ。
②図書館<u>の</u>向かい<u>の</u>コンビニ<u>の</u>アルバイト<u>の</u>かわいらしさといったら……

⇒ 「が」「の」をたて続けに書いてしまうことは、誰でもよくあります。普通は3回以上続けないように気をつけてください。

⭕ 改善文

①彼<u>は</u>僕に彼女が自分勝手な女性だと嘆いて**いた**。あれは勝手な言い分だ。
②図書館向かい<u>の</u>コンビニにいるアルバイト<u>の</u>かわいらしさといったら……

✏️ きりなく増える可能性

主語以外の語句もふくめて、つい使いすぎてしまうのが「が」と「の」です。どちらも語句をつなぐ働きがありますから、うっかりしていると際限なく増えていきます。

NG文の一部を書き換えました。

①は文を2つに分けて「が」を減らしました。

②は省略や書き換えにより「の」を半分に。これぐらいは、ちょっと意識していればできます

📝 反転の書き方に注意

「が」「の」にはいくつもの機能があり、便利な言葉（助詞）です。その一方で文を長引かせ、わかりにくくもします。

とくに「〜だが〜」の、反転しながらつなげる書き方には注意が必要です。うっかり繰り返すと、文章がきりもなく長引いてしまいます。

❌ NG文

　言いたいことはあるだろうが、君が皆がどんな気持ちかを考えない面があったのではないか。

⭕ 改善文

・言いたいことはあっても、君に皆の気持ちを考えない面があったのではないか。
・言いたいことはあるだろう。しかし、皆の気持ちを考えない面が君にあったのではないか

話し言葉では長くなってもほとんど気になりません。文章の場合は、とたんに読みにくくなります。**別の書き方でつなぐか、文をいったん切って2つに分けることを考えてください。**

Lesson 38
「の」「で」をあいまいに使うな

NG文

彼女の本を読みましたか。

改善文

- 彼女について書いてある本を読みましたか。
- 彼女が書いた本を読みましたか。
- 彼女がいう本を読みましたか。
- 彼女が持っている本を読みましたか。

誤解されることがある

「の」にはさまざまな意味があります。「テキトーに書けばいい」では誤解のもとです。

前後の関係・文脈から「の」と書いても意味が明らかなときは使えますが、あいまいなまま書くと誤解されるかもしれません。**所有を示す「の」以外は、できるだけ他の語句に書き換えましょう。**

「わが社が開発した製品」を「わが社の製品」、「政府の決めた政策」を「政府の政策」などと新聞やパンフレットによくあります。たいていが「意味が明らかに限定されている場合」で、そのほうが短くて読みやすくできます。

ただ、本来は「わが社が開発した製品」「政府が決めた政策」です。前後をふくめて長くならないのなら、正確さを優先してください。

「で」にも気をつけよう

「で」もさまざまな意味に使われますが、あいまいになる場合があります。

❌ NG文

①学校で決めた制服
②病院で勧める健康法

⭕ 改善文

①学校が決めた制服
　学校で決められた制服
②病院が勧める健康法
　病院で勧められた健康法

例文①のように学校が指定したという意味の「決めた」を強調したいときは、助詞を「で」や「の」よりも「が」にするほうがはっきりします。

学校で決めた制服、学校の決めた制服⇒学校が決めた制服

「学校の制服」と書くこともあります。「学校の制服はおかしい」「学校の制服を選ぼう」など。左ページにあるような「意味が明らかに限定されている場合」は、これでかまいません。

Lesson 39
「より・から・に・へ」に区別あり

彼女よりあなたが好きだというメールをもらった。
⇒ 「彼女に比べてあなたのほうが好きだ」ともとれます。彼女発信のメールを受け取ったという意味で書くのなら、「より」を使うのは不正確・不適当です

彼女からあなたが好きだというメールをもらった。
⇒ これなら誤解されません。

よく似た助詞の選び方に注意

人物や目的地のあとにつく助詞「から」「より」「に」を不正確に使う人がいます。
「より」は何かを比べるとき（比較）に、「から」は何かが始まるとき（起点）に使います。
古い書き方では「より」を起点に使うこともありますが、よく誤解につながります。
人物や時、場所を起点にする場合は「より」でなく「から」を使ってください。

例）仙台より東京が大きい。（比較）
　　仙台から東京に行く。（起点）

「に」の扱いに慣れよう

「に」は対象を限定する機能があります。「で」「へ」との違いはとても微妙ですが、文法的な理屈よりもまずは慣れてください。

NG文

①緊急で応援がほしいときは、すぐ連絡してください。
②あれは新入社員ではむかない仕事だろう。

改善文

①緊急に応援がほしいときは、すぐ連絡してください。
②あれは新入社員にはむかない仕事だろう。

反対に、「に」でなく「で」を使うべき場合もあります。

NG文

世界に君しかできないことだ。

改善文

世界で君しかできないことだ。

また、「に」は主に到達点を、「へ」は方向をさします。
「僕はあした、東京に行く」と言えば、大阪でも京都でもなく、行くべき先を東京と限定しています。ときには千葉や横浜でもなく、東京都内の、さらに限られた地点を意識することもあります。
「東京へ行く」という言い方も不正確とまではいきませんが、「東京方面」に近く、広がりを感じさせるときに使います。

Lesson 40
句読点をきちんと活用する

❌ NG文

①ここからはきものを脱いでお入りください。
⇒ 脱ぐのは「はきもの」「きもの」？
②彼は楽しそうにダンスをする彼女を見つめていた。
⇒ 楽しそうなのが、「彼」か「ダンスをする彼女」か、はっきりしません。

⭕ 改善文

①ここから、はきものを脱いでお入りください。
⇒ 「はきもの（履物）」の難しい漢字を避けたら、思わぬ誤解の可能性が生まれました。
②彼は楽しそうに、ダンスをする彼女を見つめていた。
⇒ 楽しそうなのが「彼」の場合。
・彼は、楽しそうにダンスをする彼女を見つめていた。
⇒ 楽しそうなのが「ダンスをする彼女」の場合。

📝 忘れると誤解につながる

　文章をドラマにたとえれば、句読点はとても重要な役者です。打ち方次第で全体が引き締まりますし、意味を正確に理解してもらえます。必要なところに打ち忘れると、ダラダラと読みにくくなり、ときにはとんだ誤解につながります。

　読点・テン「、」は、打つ場所によって意味が変わってしまいます（70ページ参照）。テンがないと、ひとつの文でも読む人によってばらばらに解釈される可能性がでてきます。

テンを正確な場所に打たないと

正反対の意味にとられることもあります。

警察官は裸になって逃げる女を追いかけた

・**警察官は裸になって、逃げる女を追いかけた。**
⇒ 警察官が裸になったことになります。
・**警察官は、裸になって逃げる女を追いかけた。**
⇒ これなら、警察官は裸ではありません。

ビジネス文では商売がスムーズに進まない事態まで起こるかもしれません。

私はあしたアメリカから来るお客様と会いますが、一緒に行きますか。
⇒ あしたお客様と会うのか、お客様があした来日するのか、不明確です。誤解を生んで、同行しないことになるかもしれません。

・**私はあした、アメリカから来るお客様と会いますが〜**
・**私は、あしたアメリカから来るお客様と会いますが〜**

テンを正確に打つことで、意味がはっきり伝わります。混乱を防げます。

Lesson 41
読点「、」を打ちすぎない

> ❌ **NG文**
> ①雪が解けて春が来て花が咲き鳥も歌う。
> ②アメリカに初めて来た、そのときは世界のことなど、何も知らなかった私は、ニューヨークの、ものすごい活気が渦巻いている街に、それはもうビックリして、まるで人形みたいに立ちつくしてしまい、「そこで何をしている」と、警官に注意されたぐらいだ。
>
> ⭕ **改善文**
> ①雪が解けて、春が来て、花が咲き、鳥も歌う。
> ②アメリカに初めて来たとき、私は世界のことなど何も知らなかった。ものすごい活気が渦巻くニューヨークの街に、それはもうビックリした。まるで人形みたいに立ちつくしてしまった。「そこで何をしている」と、警官に注意されたぐらいだ。

一文中に多くても３個まで

　前ページのように文の切れ目や長い主語のあとに句読点（くとうてん）を打つことで文章は読みやすく、正確になります。ただし、テンだらけの文章は、かえって読みにくいものです。

　NG文①は、４つの文がつながっています。境ごとにテンがたしかに必要です。

　②は８個もテンがあって、長い文になっています。「どれも文法どおりだ」とは言っても、ポツポツと途切れてしまい、リズム感がありません。焦点もぼやけてしまいます。

　こういう文はいくつかに分けてください。**境を見定めて、テンでなく、句点のマル「。」で仕切ります。**改善文では一部を

短くしながら4つに分けました。一文中のテンは、普通は1個か2個です。多くても3個までのつもりで書きましょう。

■カッコ書きの関係に気をつける

句読点の打ち方で注意が必要な例をあげておきます。

> **改善POINT**　句点のマル「。」
>
> **①彼女は11秒05の大会記録をつくった（2019年の○○県大会）。**
> ⇒ 文末にマルカッコ（　）で注釈をつけたときはカッコのあとに打つ。
> **②合格者は次のとおり。（敬称略）**
> ⇒ 文をいったん終わらせたあと、それに続く全体の注釈をカッコでつけるときは、カッコの前に打つ。
> **③「私は……。彼は……」**
> ⇒ 会話文のカギカッコ「　」内で最後のマルは、原則として省略する。「私は……。彼は……。」ではありません。

カギカッコ内最後のマルの省略は、やらない人がよくいます。新聞や雑誌を参照してください。就職試験では「筆者はものを読んでないな」と、バロメーターにされることもあります。

> **改善POINT**　読点のテン「、」
>
> **①ところで、もうひとつの問題について話そう。うーん、そうしますか。**
> ⇒ 接続詞の後や応答、感嘆詞の後には打つのが原則。
> **②雨が降ってきたので、傘をさした。**
> ⇒ 理由や条件を示した後には、原則として打ちます。

Lesson 42
話し言葉を見きわめる

❌ NG文
① <u>あっち</u>から<u>ちょくちょく</u>文句を言われます。
② 天丼<u>で</u>お待ちのかた
③ おつり<u>のほうになります</u>。

⭕ 改善文
① あちらからたびたび文句を言われます。
② 天丼をご注文のかた
③ おつりです。

✏ どの年代にも通じる言葉で書く

　言葉は習慣ですから、時代とともに変わります。新しい言葉が生まれ、文章の書き方も変化します。だからといって、**話し言葉をそのまま書くと、文章としては乱暴で幼稚な感じになることがあります。**

　新しい言葉がなんでもいけないわけではありません。ただ、文章は意思や情報を幅広く伝えるための手段です。多くの人に耳慣れない言葉づかいや日本語として奇異な言い回しは避けて、どの年代にも通じるように書いてください。

　言葉が社会全体にしっかり定着しているかどうか、見きわめる必要があります。

古すぎる言い方も避ける

新しすぎる言葉と同じように古すぎる書き方も、普通の文章ではできるだけ避けます。「文語調」といわれる語句や言い回しは、現代の言葉づかいに換えます。

> **NG文**
> ①彼女のみが反対している。
> ②意見の一致をみた。
> ③横浜から新潟にいたる距離。
> ④会議にて議論しよう。
> ⑤彼ごときが大物といわれるゆえんは何か。
>
> **改善文**
> ①彼女だけが反対している。
> ②意見が一致した。
> ③横浜から新潟までの距離。
> ④会議で議論しよう。
> ⑤彼のような人が大物といわれる理由は何か。

今ではあまり使われなくなった言葉を文章に入れると目立ちます。強調するために書くこともありますが、ほとんどは読み手に違和感を与えるだけです。

なかには若いのに、お年寄りのように使う人もいます。文章をあまり読んでいないので、しっかりした現代語を身につけていないせいです。

新しすぎる、古すぎる、どちらの言葉にもまどわされないためには**新聞や本を普段からよく読むことが大事です**。

「ら」抜き表現に注意する

> **NG文**
> ①ナイフで切れた。
> ②専門店で売れている。
> ⇒ どちらも2種類の意味があります
>
> **改善文**
> ①ナイフで切ることができた。(可能)
> ・ナイフで切られた。(受け身)
> ②専門店でよく売れている。(売れ行き)
> ・専門店で売られている。(状態)

可能、受け身、尊敬がまぜこぜ

前項でふれた話し言葉のひとつに「ら」を抜くことがよくあります。そのまま文章にすると、雑な感じになります。

そればかりか、読み手によっては別の意味に解釈される恐れもあります。上のNG文がそうで、「ら」抜き言葉は可能、受け身、尊敬の、どの表現かはっきりしません。誤解のもとです。「切る」「来る」「売る」「入る」「出る」はとくに気をつけて。

ら抜き言葉をどう使うか・使わないかは専門家の間でも考え方が分かれていますが、**文章を書くときはできるだけ避けて、正確な表現をしてください。**

「い」抜きもしない

話し言葉では「い」もよく抜かれます。

NG文

① 彼は 5 時に行くと言ってた。
② 新入部員たちはうまくやってる。
③ さぼってると、遅れますよ。

改善文

① 彼は 5 時に行くと言っていた。
② 新入部員たちはうまくやっている。
③ さぼっていると、遅れますよ。

　NG 文はどれも状態を示す「〜している」を、手っ取り早く「〜してる」と書いています。「ら」抜きほどの支障はありませんが、乱雑な感じになり、「軽率」「いい加減」と受けとられる点では同じです。

　親しい友達とのメールでは使っても、文章に書くときは、正しい表現をしてください。

Lesson 44
「〜たり〜たり」はペアで

NG文

中学時代はよく勉強したりした。
⇒ 勉強の他にも何かをしたらしいですが、はっきりしません。

改善文

中学時代はよく勉強したり、遊んだりした。

ひとつだけでは完結しない

似た動作や状態を並べるときに使う「**たり**」や「**とか**」は、**ペアで使うのが原則**です。

同類の動詞を並列する書き方で、「〜たり〜たり」と反復させます。「たり」をひとつだけで完結させると、中途半端な印象になります。何かまだあるようでもあり、書くほどのことでもないという意味なのか、すっきりしません。

書き手は何かを匂わせたつもりでも、このNG文なら遊びかスポーツかその他のことかもわかりません。いろいろやっていますよと示すためであれば、本来は複数の例示が必要です。

もし反復させたくないなら「中学時代はよく勉強し、遊びもした」となります。

最近では「たり」をわざとひとつだけで使って、他にも何かあることを暗示する人もあります。やる気だけを見せて逃げる政治家や役人のごまかしに通じます。あまり勧められません。

NG文

　私たちは値引きした<u>り</u>、チラシをまくことで品物を売ろうとした。

改善文

・私たちは値引きした<u>り</u>、チラシをまい<u>たり</u>して品物を売ろうとした。
・私たちは値引きし、チラシもまくことで品物を売ろうとした。

✏️「とか」もできるだけペアで使おう

　近い言葉に「とか」があります。こちらは名詞にもつけられます。

 NG文

①いつも練習をさぼるのは、山田<u>とか</u>○○高校出身の連中だ。
②私の故郷には山<u>とか</u>自然がいっぱいある。

改善文

①いつも練習をさぼるのは、山田<u>とか</u>石黒<u>とか</u>○○高校出身の連中だ。
②私の故郷には山<u>とか</u>川<u>とか</u>、自然がいっぱいある。

　名指しを1人にしておきたいなら「山田ら○○高校出身の連中だ」とも書けます。
　「〜とか〜とか」は動詞にもつけられます。「飲むとか食べるとか、勝手に楽しめ」「調べるとか考えるとか、何かしたらどうだ」など。

Lesson **45**
どこに係るか、あやふやにしない

NG文

> 25日午前8時50分ごろ、東京都中央区銀座2丁目の○○貴金属店でショーケースが壊され、中にあった金塊が盗まれているのを出勤してきた支配人が見つけ、110番通報した。

📝 定型にひきずられると？

　読点「、」で仕切られたフレーズが、どこに関わるのか不明確な文がよくあります。

　NG文は盗難事件だとはわかりますが、「25日午前8時50分ごろ」に起きたのは何かが問題です。「壊され」「盗まれ」「出勤してきた」「見つけ」「110番通報した」の5つどれにも可能性があります。

　実は、新聞記事によくあるスタイルです。出来事の基本要素5W1Hの「いつ」「どこで」から始めるのにこだわって、少しでも多くの情報を入れようとして語句の係り先があやふやになりました。古くからのスタイル・定型にひきずられすぎています。

　読み手の解釈をひとつに限定する（70ページ参照）必要があります。一見複雑に見えますが、これまでに述べてきた「文を短く」「ひとつの文に詰め込まない」（50・52ページ）、「主語と述語を近づける」（76ページ）、「テンを打ちすぎない」（94ページ）など、書き方の基本にしたがえば誰でも改善できます。そのパターンはいくつかあります。

改善の3パターン

改善文① ◆主語と述語を近づける

東京都中央区銀座2丁目の○○貴金属店でショーケースが壊され、なかにあった金塊が盗まれていると、出勤してきた**支配人**が<u>25日午前8時50分ごろ</u>、**110番通報した。**

ここで中心となる主語と述語、「支配人」が「110番通報した」を近づけました。この改善文①は誤解を防げますが、文が長すぎます。その点を改めると――

改善文② ◆文を短く分ける

<u>25日午前8時50分ごろ</u>、東京都中央区銀座2丁目の○○貴金属店**支配人**から**110番通報があった。**支配人が出勤したところ、ショーケースが壊され、なかにあった金塊が盗まれていた。

こうすれば、ひとつひとつの文が短くなって、詰め込みすぎが解消されます。3つあったテン「、」も減らせました。

さらに、文をこんなに入れ替えなくてもよい「奥の手」もあります。

改善文③ ◆カギカッコを使う

<u>25日午前8時50分ごろ</u>、東京都中央区銀座2丁目の○○貴金属店で「ショーケースが壊され、なかにあった金塊が盗まれている」と、出勤してきた**支配人**が**110番通報した。**

memo

第**4**章

読みやすく・
わかりやすく

Lesson 46
漢字かひらがなか

NG文

①事件の顛末を便箋に書いてください。
②彼の風貌は甚だ変わってしまい、嘗ての面影はない。

改善文

①事件の<u>一部始終</u>を<u>便せん</u>に書いてください。
⇒ 顛末は「てんまつ」と読みますが、普段の生活ではほとんど使わない言葉です。便箋は「箋」の字が難しいので、漢字と仮名（かな）を組み合わせて表記するのが普通です。

②彼の<u>姿</u>は<u>非常に</u>変わってしまい、<u>かつて</u>の面影はない。
⇒ 「風貌（ふうぼう）」は文学作品ならともかく、普通は「姿」「容ぼう」で十分です。
⇒ 「甚（はなは）だ」は「大いに」「非常に」の意味です。
⇒ 「嘗（かつ）て」という言葉自体は今も普通に使いますが、漢字ではあまり書きません。

表記を難しくするな

　文章はどんな文字で書いてもよいわけではありません。誰にでも読みやすくするために**①難しい漢字をできるだけ使わない②普通の生活でおなじみの「常用漢字」以外はかな表記にするか別の表現に置き換える**──必要があります。
　難しい字は使わなくてよい。「やさしく書け」といっているだけです。わざわざ難解な字を使うことはありません。

助詞や形容詞もひらがなで

こうした難漢字や一時代前の文字を使うのはお年寄りかというと、実は若い人もけっこう使っています。さすがに「風貌」「進捗（しんちょく）」「辣腕（らつわん）」「寡黙（かもく）」といった古風な言い方は少ないですが、助詞や形容詞、接続詞に漢字を使う人がよくいます。

 NG文

①遊んでばかりいた為、試験迄に殆ど勉強しなかった。
②今回も又言いすぎてしまった。
③彼等のことを神様の様に思いました。
⇒ こんな文字づかいが学生の作文によく登場します。

改善文

①遊んでばかりいたため、試験までにほとんど勉強しなかった。
②今回もまた言いすぎてしまった。
③彼らのことを神様のように思いました。

若者の意外な漢字表記は、ひとつには読書不足でオーソドックスな現代表現に慣れていないため、もうひとつはテレビの影響です。画面に流すテロップの字数を節約したいのか、安直な文字づかいが横行しています。

文部科学省が「日常で書き表わすもの」として常用漢字を指定しています。日本中で「普通に使われる漢字」です。増減はありますが、だいたい2000字ちょっとです。

奇抜な漢字は誤りではなくても、人によっては正しく読みとってもらえません。誤解や書き手のイメージダウンにつながります。

Lesson 47
漢字だらけにしない

❌ NG文
①類似した問題の発生を如何に抑制するかが、喫緊の課題である。
②換言すれば、何時も何故に惹起されるかに思いを巡らすべきであろう。

⭕ 改善文
①似たような問題が持ちあがるのをどう防ぐかが、大急ぎの課題である。
②言い換えれば、いつもなぜ起きるのかを考えるべきだろう。

📝 漢字を乱用せずにひらがな中心で

　ものを書くときには漢語調・文語調の言い回しにするべきだと勘違いしている人がいます。それでは通じる世代が限られてしまいます。文語調がぴたりと合う文芸作品もありますが、慣れない人が強引にまねると怪しげな文章になりかねません。
「何時」「何故」などを漢字にする必要はありません。「如何に」はひらがなで「いかに」と表記すればよいのですが、言葉自体が古いので「どう」と言い換えました。「喫緊」「換言」などは完全に漢語調で、現代文で書けばすむことです。

　どれも普通の表現にして、漢字の知識が少ない人でも読めるようにします。

　今では珍しい漢字や安易な当て字を書いてしまうのは、年代に関係なく、一種の癖です。乱用しないように注意がいります。

わかりやすく書き直そう

文語調の表現はかなで書いてもかたい感じになります。

 NG文

彼ごときが会長になるとは、理由のいかんを問わず、にわかには得心しえない。

 改善文

彼のような人が会長になるとは、理由がどうであっても、すぐには承知できない。

文語調だから格調高いわけではありません。読みやすい文章に人はうなずきます。**わかりやすい言葉で情報や意見を伝えるのが原則です。**

改善POINT

所以（ゆえん）	⇒	理由
若干の（じゃっかん）	⇒	いくつかの
一致をみた	⇒	一致した
逐一（ちくいち）	⇒	ひとつひとつ
逐次（ちくじ）	⇒	順を追って・順次
ＡからＺにいたる	⇒	ＡからＺまで
東京にて学ぶ	⇒	東京で学ぶ
同一	⇒	同じ
いわざるをえない	⇒	いわなければならない
		いうほかない

Lesson 48
「ところと所」「ものと物」……

NG文

①彼に若者らしい所はない。
②機材を置くところを、いまの内に決めてくれ。
③「人と言う動物は気ままな物だ」と、先生はいった。

改善文

①彼に若者らしいところはない。
②機材を置く所を、いまのうちに決めてくれ。（「機材を置く場所」でもよい）
③「人という動物は気ままなものだ」と、先生は言った。

漢字とかなを使い分ける言葉

内容や意味によって漢字とかなを使い分ける語句もあります。「所・ところ」「内・うち」「言う・いう」「物・もの」など、どちらで書くかの問題です。

共通する原則があります。

・具体的なものをさすときは漢字
・抽象的な事柄を示すときはひらがな

なんでも漢字にするのは高級でも立派でもありません。反対に、何から何までひらがなにするのは、漢字ばかりよりは読みやすいとしても、適正な書き方ではありません。

具体と抽象で区別する

- 「所」は特定の場所や位置をさすとき
- 「ところ」は広がりのある概念・考え方

ということになります。

- 「言う」は実際の発言に関して
- 「いう」は一般的な事柄にかかわるときに
- 「物」は具体的な物品について
- 「もの」は抽象的な観念・概念に対して

NG文

　メールを出して見ようと思った所だが、人と仲良くする事の意味を彼は理解できるかな。

改善文

　メールを出してみようと思ったところだが、人と仲良くすることの意味を彼は理解できるかな。

　この場合は「look・見る」と「try・（して）みる」を混同しないように。
「事」は特定の出来事を示すときに使います。幅広い概念のときは「こと」です。 どちらにすべきか迷ったら、強引に漢字で書くよりはかなのほうが無難です。

Lesson 49
「わが社」か「我が社」か

❌ NG文

　わがサークルは**きのう**○○女子大と合同イベントをやりました。あまり**面白くなかった**という人もいたので、**明日**はその反省会を開きます。どうしたらおもしろくできるかについて話し合い、**我が**サークルの楽しさを再確認するつもりです。

⭕ 改善文

　わがサークルは**きのう**○○女子大と合同イベントをやりました。あまり**面白くなかった**という人もいたので、**あした**はその反省会を開きます。どうしたら面白くできるかについて話し合い、**わが**サークルの楽しさを再確認するつもりです。

✏ どちらでもよい表記は統一する

　漢字とかなのどちらで書いてもいい語句もあります。「われわれ・我々」「きょう・今日」などです。ただし、どちらかに統一してください。

　NG文の「わが」と「我が」。どちらでも書けますが、**同じ文章や作品の中でバラバラだと、読み手が戸惑います**。「きのう」と書いたら「昨日」をかなにするだけでなく、「きょう」「あした」もかなで。漢字で書くのなら、他も漢字で表記します。

　「今・いま」や「分かる・わかる」、「アメリカ・米国」などもそうです。「わが国」と書いたら、最後まで「わが国」で。「きのう」と書いたら「きょう」と、同じ表記でまとめてください。

送りがなも統一して書く

「当たり前」「当り前」といった送り仮名も、原則は現代語表記や「活用語尾とそれ以外の通則」などの文法・ルールに従いますが、読み間違えの恐れがない場合は送りがなの一部を省くこともあります

❌ NG文

① 「今年は当り年だ」と思うのが当たり前ではないか。
② 合コンは終りまで盛り上がったけれど、僕の恋も終わった。

⭕ 改善文

① 「今年は当たり年だ」と思うのが当たり前ではないか。
② 合コンは終わりまで盛り上がったけれど、僕の恋も終わった。

「生まれる・生れる」、「聞こえる・聞える」、「浮かぶ・浮ぶ」、「終わる・終る」、「積もる・積る」……などです。こうした場合も、どちらかに統一が必要です。

　迷ったときは用語辞典を引いて確認し、できるだけ現代語表記にしたがってください。たとえば「終わる」は「終える」と区別が必要なので、送りがなの「わ」「え」をきちんと表記するほうが正確です。

Lesson 50
「どうしても漢字」のときは

❌ NG文

① 衣裳の選び方を箇条書きにしてくれ。
② 汚染物質を濾過する。

⭕ 改善文

① 衣装の選び方を個条書きにしてくれ。
② 汚染物質をろ過する。
・汚染物質を濾過（ろか）する。

✏️ ルビやカッコを活用

　古く難しい漢字の扱い方をまとめると、次の3段階になります。

---

① できるだけ現代的な常用漢字に換える。
例：附録⇒付録
② 全部または一部をかなで書くか、言葉自体を別の表記に書き換える。
例：煤払い⇒すす払い　進捗⇒進行
③ どうしても従来の漢字で書くほうが適切な場合にはマルカッコ（　）で読みがなを書くか、ルビをふる。
例：肋骨⇒肋骨（ろっこつ）、肋骨

カッコ内の読みがなやルビは、一部の漢字だけでなく語句の全体につけます。「団欒（らん）」「唯（ゆい）物史観」でなく、「団欒（だんらん）」「唯物史観（ゆいぶつしかん）」です。

固有名詞は変えられない

　人名や地名といった固有名詞の場合は、どんなに難解な文字や旧字であってもかな書きにはできません。

　小島遊（たかなし）、五百旗（いおきべ）、御手洗（みたらい）、七五三掛（しめかけ）などは、実際に存在する苗字とその読み方です。御手洗さんのように「おてあらいさん」と読まれかねない漢字名もありますから、きちんと正確な読み方を表記しておくのがエチケットです。

　地名では、音威子府（おといねっぷ＝北海道）、鎮錬川（ちんねるがわ＝北海道）、南蛇井（なんじゃい＝群馬県）、飯山満（はさま＝千葉県）、物集女（もずめ＝京都府）、北谷（ちゃたん＝沖縄県）など、珍しい固有名詞が全国にはきりなくあります。**読めない人が多そうな地名はマルカッコ（　　）をつけて読みがなを書くか、ルビをふってください。**

　芸術作品や文化財も改めるわけにはいきません。三島由紀夫の小説『豊饒の海』、仏教書の『歎異抄』など。

　なお、対象の言葉が同じ文章中に繰り返し出てくる場合は、読みがなやルビをふるのは最初に出た箇所だけでかまいません。

Lesson 51
耳慣れない略称はまず正式名で

NG文

① <u>日本経団連</u>と<u>連合</u>が<u>行革</u>について対立している。
② 僕たちは <u>WHO</u> と<u>ユニセフ</u>を見学した。
③ <u>社労士</u>になるには、どうすればいいですか。

改善文

① <u>日本経団連（日本経済団体連合会）</u>と<u>連合（日本労働組合総連合会）</u>が<u>行政改革</u>について対立している
② 僕たちは <u>WHO（世界保健機関）</u>と<u>ユニセフ（国連児童基金）</u>を見学した。
③ <u>社会保険労務士（社労士）</u>になるには、どうすればいいですか。

英文略称にも日本語訳をつける

　世の中にはさまざまな名称の団体・組織や制度・問題があり、関係者の間では略称のほうが普通に使われることもあります。どこまで略して書くかは、伝える対象である読み手にもよりけりで、とても微妙です。

　例文はどれも誤りではありませんが、略称に耳慣れない人もいます。**知れ渡っていない略称には、最初に出たところに正式名称を付しておきます**（改善文①）。初めに正式名称を書いたあとは、次からは略称だけでかまいません。

　ただ、企業間のビジネス文書や社内文書などで略称が常に使われている業界では初めから「日本経団連では〜」と表記します。どちらが自然か、読み手の構成や慣例から判断します。

英文・欧文の略称や日本語に言い換えた略称には、最初に原則として日本語の意味をマルカッコでつけます（改善文②）。日本語を先にする「世界保健機関（WHO）」という書き方もあります。

　略称に正式名称をカッコ書きでつけるよりは、正規のフルネームのほうがわかりやすい場合もあります（改善文①の「行政改革」）。必要ならばカッコ書きで略称を入れます（改善文③の「社会保険労務士」)。

略称のほうが普通のことも

　注意がいるのは「略称も決まっている」ということです。左ページの例でいえば、勝手に「日経連合」「労総連」などと**自己流の略称を作ってはいけません**（NG文①）。

　正式名称よりも略称のほうが広く知られているものもあります。フルネームを書くと、かえって違和感を持たれかねません。

NG文

①日商工の総会を傍聴しました。
②西日本旅客鉄道株式会社の駅ごとに日本放送協会の事務所があるわけではない。

改善文　

①日商（日本商工会議所）の総会を傍聴しました。
② JR 西日本の駅ごとに NHK の事務所があるわけではない。

　②のように略称が定着しているときは、それを優先し、正式名称を省くのがむしろ自然です。他には「農協」「自民党」「NTT」「日中問題」「国連」などです。

Lesson **52**
新しすぎる造語や略語は使わない

> ❌ **NG文**
> ①あそこでピン写している女の子は超ラビィー。
> ②ハムトの前にNHKな連中がいる。
> ③ブンブンのスイーツを食べながらATMしています。
>
> 🔴 **改善文**
>
>
>
> ①あそこでひとりで写真を撮っている女の子はとてもかわいい。
> ②公衆トイレの前に何か変な感じの連中がいる。
> ③セブンイレブンのスイーツを食べながらあなたの便りを待っています。

📝 **スマホ文とは区別する**

　知らない人や不特定多数の人に読まれる文章は、日記とも友達同士のメールとも違います。**一部にしか通用しない造語や略語はタブー**です。絵文字も使いません。スマホ文とは区別が必要です。

　NG文の「ハムト」は「公」という文字を分解して「ハム」と読み、トイレの「ト」をつけた造語です。「NHK」「ATM」は「何か・変な・感じ」「あなた・便り・待つ」のアルファベットの頭文字を並べ、「ブンブン」は……どれも傑作ですが、誰にでも通じるとはいえません。

　こうした造語は、次々に生まれます。

```
定金                      オシャンティー
 ⇒ 定額給付金              ⇒ おしゃれ
あけおめ                  OBS
 ⇒ あけましておめでとう    ⇒ おばさん
Mカップ                   チョーLL
 ⇒ マグカップ              ⇒ すごくラブラブ
DJ                        MMM
 ⇒ 大丈夫                  ⇒ まじでもう無理
ヒラリー
 ⇒ 平のサラリーマン
```

新語・造語を使うかどうかは、誰に向けて、何に書くかを考えて決めます。「つい書いてしまった」ではすまされないときもあるので、注意しましょう。

略字、俗字、当て字は使わない

新語でなくても避けるほうがよい文字づかいがあります。

❌ NG文

① 丁度午后5時です。20才以下の人は帰ってください。
② KC庁にKO大学出身者は何人いますか。

⭕ 改善文

① ちょうど午後5時です。20歳以下の人は帰ってください。
② 警視庁に慶応大学出身者は何人いますか。

難しい漢字は避けるべきですが、簡単だからといって**定着していない略字、俗字、当て字は読み手に理解されません**。「まじめにやっているのか」と疑われる場合もあります。

Lesson 53
動植物名は原則カタカナで

NG文
① <u>鰤</u>の煮つけに<u>玉葱</u>のサラダがあるといい。
② 松と<u>欅</u>の森とは珍しい。
③ <u>躑躅</u>も<u>風信子</u>もきれいです。

改善文
① <u>ブリ</u>の煮つけに<u>タマネギ</u>のサラダがあるといい。
② 松と<u>ケヤキ</u>の森とは珍しい。
③ <u>ツツジ</u>も<u>ヒヤシンス</u>もきれいです。

なじみの「犬」「松」は漢字でよい

　動物や植物の名前には常用漢字ではない文字の名前が多く使われています。「犬」や「杉」など、おなじみの動植物名は漢字でかまいませんが、**なじみのない漢字の動物や植物名は原則としてカタカナで書きます。**

　NG文は漢字でもカタカナでも誤りではありませんが、誰でも読めるように、常用漢字で書ききれない動植物名はカタカナにします。「玉葱」は常用（「玉」）と常用外（「葱」）の漢字がセットになっていますが、全部をカタカナで「タマネギ」とします。「おなじみの動植物名」というのは、たいていが1文字の「柿」「豆」「松」「梅」「牛」「馬」などです。漢字のほうがすんなり読めます。

熟語・成語はひらがなで

熟語や成語は、動植物名でもひらがなを使うケースが多くあります。言葉は習慣ですので、わかりやすく、抵抗なく受けいれられるほうに合わせます。

NG文

①福岡へ蜻蛉返りした。
②鼬ごっこは嫌いだ。
⇒ 普通の人にはわかりません。

改善文

①福岡へとんぼ返りした。
②いたちごっこは嫌いだ。

「ぬれねずみ（濡れ鼠）」「わしづかみ（鷲掴み）」などもあります。

特定の動植物で知られた観光名所については、普通の人になじんだ表記にしたがいます。「紫陽花寺」「アジサイ寺」、「石楠花神社」「シャクナゲ神社」など。なかにはどちらで書いても許されるケースや、当事者が「あじさい寺」とひらがな表記にしている場合もあります。

Lesson 54
用語選びを間違えない

❌ NG文
①彼との関係を精算しました。
②禅寺で修業する。
③商売をおざなりにした。

⭕ 改善文
①彼との関係を清算しました。
②禅寺で修行する。
③商売をなおざりにした。

✏ よく似た言葉を混同しない

名詞でも動詞でも、よく似た言葉やまぎらわしい言い回しがあります。

NG文の用語はどれも同じ読み方で、意味も部分的には少し似ています。しかし、正しくはありません。間違えると恥をかきます。

①の「精算」は運賃や経費などを詳しくはじき出すときに使います。「乗り越し運賃の精算」「出張費の精算」。人間関係や過去についてケリをつける場合は「清算」です。

②の「修業」は花嫁修業、板前修業のように習いごとに使います。宗教や武道は「修行」です。

③は、よく間違えます。「おざなり」はその場逃れの意味で、いい加減な言動をさします。「なおざり」はおろそかにしたり、放っておいたりする状態です。意味やニュアンスを確かめて使ってください。

理解不足の用語選びに注意

なかには明らかに異なる言葉で、勘違いというよりも本気で使っているとしか思えないケースもあります。完全な理解不足・知識不足と見なされてしまいます。

> **NG文**
>
> ①こんないい加減な妥協案で**食い下がる**わけにはいかない。
> ②○○不動産の**介入**手数料は高くないですか。
> ⇒ ん？　なに？
>
> **改善文**
>
> ①こんないい加減な妥協案で**引き下がる**わけにはいかない。
> ②○○不動産の**仲介**手数料は高くないですか。

聞きかじりの言葉を確かめずに使うと、不正確で違和感を持たれることがあります。正反対の意味にとられるケースもあり、混乱につながります。場合によっては笑い話ではすみません。

Lesson 55
間違える字は決まっている

❌ NG文

①皆の意見を<u>捨い</u>上げておかないと、行動の<u>防げ</u>になる。
②チームを<u>引きいた思かげ</u>はない。
③彼の手を<u>貸り</u>たのは<u>始めて</u>だ。
④<u>専問</u>家を<u>訪門</u>したら、素早く<u>応待</u>してくれた。

⭕ 改善文

①皆の意見を<u>拾い</u>上げておかないと、行動の<u>妨げ</u>になる。
②チームを<u>率いた面影</u>はない。
③彼の手を<u>借り</u>たのは<u>初めて</u>だ。
④<u>専門</u>家を<u>訪問</u>したら、素早く<u>応対</u>してくれた。

✏️ 癖を意識すれば誤字は防げる

　漢字を間違えることは、誰にでもあります。あまり繰り返すと「なっていない」「たるんでいる」と思われます。実は、大半の誤字には人それぞれの癖があります。

　NG文①は「捨」「拾」、「防」「妨」など字の形が似ていることから誤るパターンです。

　②は、どちらも同じ読み方をするので勘違いしています。

　③は、読み方が同じでも意味は正反対の「貸す」「借りる」、使い方が異なる「始め」「初め」の取り違えです。

　④は、それらの混合型で、文字や読み方が混乱しています。

　どれも書き手の思いこみなのですが、**自分がよく間違える文字と誤りのパターンを意識しておくと、多くを防げます。**

誤りやすい例

「あっ、またやった」という自分の癖を覚えておきましょう。

×よくある誤字	○適正
寝むそうな顔	⇒ 眠そうな顔
部屋を方づける	⇒ 部屋を片づける
多いに奮起しろ	⇒ 大いに奮起しろ
満契しました	⇒ 満喫しました
あまり香しくない	⇒ あまり芳しくない
スーパーに務める	⇒ スーパーに勤める
阪神が巨人を敗った	⇒ 阪神が巨人を破った
格差の幣害	⇒ 格差の弊害
単的に言う	⇒ 端的に言う
協力が不可決だ	⇒ 協力が不可欠だ
異句同音	⇒ 異口同音
五里夢中	⇒ 五里霧中
週間誌	⇒ 週刊誌
今月中ば	⇒ 今月半ば
意味慎重	⇒ 意味深長
全々知らない	⇒ 全然知らない
興味深深	⇒ 興味津々
絶対絶命	⇒ 絶体絶命

Lesson 56
変換ミスに注意する

> **NG文**
> ①**チクリ苦情大会**は日曜午後1時からです。
> ②皆さまに**汚職事件**を差し上げてください。
>
> **改善文**
> ①**地区陸上大会**は日曜午後1時からです。
> ②皆さまに**御食事券**を差し上げてください。

異次元誤字を防ぐには

　間違えやすいのは、似た熟語や同じ読み方の同音異義語・同訓異義語だけではありません。パソコンやスマホを使う場合は、とんでもない「変換ミス」を起こしやすいので、手書きとは別の注意がいります。

　衛星放送を「衛生放送」、五里霧中を「五里夢中」と書いてしまう誤りは、手書きでもパソコン・ワープロでも共通してあり、誤字の典型です。しかし「池袋・おがわま痴漢で運転を再開します」といった変換ミスは、まったく予想外の文字で、手書きの誤字よりも強烈です。いくら「池袋・小川町間で運転を再開しますの誤りでした」と訂正しても、いつまでも笑い話にされる可能性があります。

　こんな現代版の「異次元誤字」を防ぐには、**しっかり読み返す習慣をつけておかなければなりません**。文章を書く基本姿勢が問われます。

重大なカバ？ 総脱毛？

新しい変換ミスが毎日、起きています。例をいくつかあげておきます。

○正しい	×変換ミス
そうだっけ	⇒ 総脱毛
酒太り	⇒ 叫ぶ鳥
父兄参観日	⇒ 婦警さん完備
コメント付き	⇒ 湖面と月
見に来てくれてありがとう	⇒ ミニ着てくれてありがとう
うはははは	⇒ 右派は母
10代半ば	⇒ 重大なカバ
そのへん大変です	⇒ その変態変です
火災報知機	⇒ 火災放置機
けなし合い	⇒ 毛無し愛
研究所	⇒ 犬救助
ヨハン・シュトラウス	⇒ 四版・首都羅臼
ヨハンセン	⇒ 余反戦
5周年	⇒ 御執念
脚線美	⇒ 客船美

Lesson 57
お役所言葉を使わない

❌ NG文
① 可及的速やかに聴取することも選択肢のひとつだ。
② 数次にわたり、所定の手続きにしたがって善処しました。

🟠 改善文
① できるだけ早く聞くやり方もある。
② 数回、決められた手続きにしたがって適切に処理しました。

📝 できるだけ普通の言葉で

　お役所には独特の用語や言い回しがあります。それをまねて書くことで何かしら権威がつくと思いこんでいる人もいますが、まったくの見当違いです。

　国の中央官庁でも地方の都道府県庁や市役所でも、議会の答弁や住民への言い訳などで長年の間に独自の言葉がつくられてきました。多くは責任をあいまいにし、約束や明言をするような感じだけを与えて、実際にははっきししない類の巧妙な表現です。

　問題は、その一部が役所外の一般社会にもれ出ていること。耳慣れない言葉をむやみにまねする人がいます。何かをごまかす場合は別として、普通は誤解や違和感のもとです。**読み手に好印象を与えません。**できるだけ普通の言葉に替えてください。

専門用語・業界用語もやさしく示す

聞き慣れない専門用語や業界用語もできるだけやさしい言葉に替えます。

NG文

① **AD**に**プレゼン会場**をかたづけさせてくれ。
② **CA**が**エプロン**で**ウエイト・アンド・バランス**を測るなんてあり得ない。
③ 2課が**サンズイ**の**お札**をとったらしい。

改善文

①**アシスタントディレクター**に**説明会場**をかたづけさせてくれ。
②**客室乗務員**が**駐機場**で**搭載物資の総重量と航空機のバランス**を測るなんてあり得ない。
③**捜査2課**が**汚職事件**の**逮捕状**をとったらしい。

どうしても使いたいときや専門用語のほうが雰囲気に合うときは「AD（アシスタントディレクター）」「CA（客室乗務員）」などと、マルカッコに正式名称を入れます。どんなものかの内容まで知らせる必要があれば、前後の文に解説をつけるか、別に短い原稿を用意します。

専門用語や業界用語を使うか・使わないかは、どこの誰に読ませるのか、目的によって変わります。特定の業界内だけの書類やドラマの脚本と日常生活で交わす文書や一般向けのエッセイなどをごちゃまぜにしないことが大事です。

Lesson 58
あいまい表現「的・性・化」に注意

> ❌ **NG文**
> ①自分**的**には故郷の観光地**化**に反対します。
> ②クラスメート同士が協調**性**を保てば、全校が必然**的**に一本**化**する。
> ③世界遺産**化**する必要**性**を理解してほしい。
>
> ⭕ **改善文**
> ①自分は故郷が観光地になることに反対します。
> ②クラスメート同士が協調すれば、全校が自然に一本になる。
> ③世界遺産にする必要を理解してほしい。

✏ 連続使用は不自然な印象

　物事をあいまいにする3大表現「～的」「～性」「～化」をむやみに使うと、必要以上に難解になり、論点がぼやけます。わざとらしく、きどった感じになるばかりか、ごまかしや責任逃れと受けとられることもあります。普通に書けばすむケースがほとんどです。

　耳慣れた「具体的」「民主的」「積極性」「激化」などは、用いるほうが的確な場合もしばしばあります。それでも、連続して使うとNG文のように不自然な印象になります。使いすぎに注意がいります。

安易に使うとキリがない

とくに「〜的」は概念や観念を広げる働きをしますから、何にでも、いくらでもつけられます。

・ライオン的なリーダーシップ
・大統領的な強大な権限
・超日常的な緊急事態
・四角四面的な措置
・柳に風的な対応
・いかにもアジア的な風土
……

なんとなくわかるような、わからないような。強引にこじつければきりがありません。雰囲気だけがゆがんで作られ、実際には正確な情報のやりとりを妨げる言葉です。

それだけに、つい安易に使ってしまいます。現に、新聞の書評や文化面の学者原稿によくありますが、どこまで理解して書いているのか怪しいものです。あれを高級な言い方だと勘違いしてはいけません。

Lesson 59
外国語を使いすぎない

❌ NG文

①あなたの<u>スキーム</u>は立派だが、それだけの<u>スキル</u>がありますか。
②君の<u>プレゼン</u>には<u>ビジョン</u>も<u>ポリシー</u>も<u>コンセプト</u>もない。
③その<u>イノベーションプロジェクト</u>は問題の<u>ソリューション</u>がはっきりしない。

⭕ 改善文

①あなたの<u>計画</u>は立派だが、それだけの<u>技能</u>がありますか。
②君の<u>プレゼン（提案説明）</u>には<u>展望</u>も<u>政策</u>も<u>理念</u>もない。
③その<u>技術革新事業</u>は<u>問題解決</u>の<u>方法</u>がはっきりしない。

✏ カタカナばかりは読みにくい

　英語をカタカナ書きした語句だらけの文章をよく見かけます。度がすぎると、真意が伝わらないこともあります。
　NG文①の「スキーム」（計画、仕組み、組織）と「スキル」（技能、能力）はときどき混同されます。
　②の「プレゼン」はビジネス用語ですが、一般にもだいぶ使われるようになりました。誰に向けて書くかで判断してください。マルカッコで訳語をつけるか、反対に「提案説明（プレゼン）」とする手もあります。

③はカタカナ言葉を2語つなげていて、長すぎます。間に中黒「・」を打つべきですが、それでも言葉として広くなじんでいるとは言えません。

　こうした外来語やその略語は、安易に頼ると間違えます。**定着具合を見きわめて使うか・使わないかを決めます。**

外来語のほうが普通の言葉もある

　外来語のほうが無理なく表現できる語句もいっぱいあり、他方にはビジネス文書では使えても一般向けの文書にはまだなじまない言葉もあります。

NG文

　　マスコミ相手のプレス発表は、一般のクライアントに話すのと違って、誰でもナーバスになる。
　⇒　このカタカナ言葉を全部翻訳表記にできるかなあ？

改善文

　　マスコミ相手のプレス発表は、一般の顧客に話すのと違って、誰でも神経質になる。

「マスコミ」は完全に定着した言葉で、「プレス」は日本語に一言では換えられません。戸というより「ドア」と書くほうがピタリの場合や、「ソフトウエア」「デザイン」のように日本語に換えられない言葉も珍しくありません。

「プライマリーバランス」といえば「基礎的財政収支」のことですが、このように日本語のほうが難しくて、関係者の多くがカタカナ表記をむしろ使っている言葉もあります。

　言葉は国境をこえて広がります。社会の実状に合わせて使い分けてください。

Lesson 60
直訳表現を乱用しない

> **NG文**
> ①あなたの言い訳は責任逃れと思われるところのものでしかない。
> ②代表者会議を今夜8時に持ちます。
>
> **改善文**
> ①あなたの言い訳は責任逃れのためだとしか思えない。
> ②代表者会議を今夜8時に開きます。
> ・代表者会議が今夜8時からあります。

日本語本来の言葉に置き替える

　外国語、とくに英語特有の直訳口調をそのまま使うと、日本語としてはおかしな言い回しになります。NG文は、どちらも意味はわかりますが、まだるこい言い回しです。

　小中学校からの英語教育のせいか、直訳表現を正しい日本文だと思い込んで書いてしまうことがあります。書き手がちょっと気どったつもりでも、ぎこちなく思われます。

　①は、思いきり略しても伝わります。
　②は、適切な日本語に置き替えます。

　英語から転じた表現がなんでもダメというわけではありません。「首相の態度は責任逃れ以外の何物でもない」などと書けば、強調する効果はあります。ただし、くどくなったり、かたすぎたりしないように注意が必要です。日本語にない言い方をできるだけ避けながら、文脈と雰囲気に応じて効果的に使い分けます。

演説調もできるだけ避ける

演説調の大げさな表現や日常生活にはかたすぎる論文調も、できるだけ普通の言葉で書くほうがよいでしょう。

NG文

> 保育園のちびっこプールの清掃作業はすべての親が月1回ずつ実施すべき義務があり、それを円滑に推進するために保護者会が存在するのでなければならない。

改善文

> 保育園のちびっこプール掃除はすべての親が月1回ずつやらなければならず、それをスムーズに進めるために保護者会がある。

たかがと言ってはいけませんが、ちびっこプールの問題にしてはオーバーで、角ばった文章です。漢字だらけでゴツゴツした印象が強まる（108ページ参照）うえに、「〜すべき」「〜ねばならない」「〜のために〜存在する」などと書かなくても気持ちは伝わります。

やさしい言葉で書けばすむことは、やさしく書きましょう。 そのほうがむしろ有効で、読む人はうなずいてくれます。

Lesson 61
単位や範囲を統一する

> **NG文**
> ①彼女は身長185・5センチ、彼は1メートル62・7です。その差はいくら？
> ②東京ドームの面積は約4・7ヘクタール、大阪のユニバーサル・スタジオ・ジャパンは54万平方メートルあります。どちらがどれだけ広いですか。

> **改善文**
> ①彼女は身長185・5センチ、彼は162・7センチです。その差はいくら？
> ②東京ドームの面積は約4・7ヘクタール、大阪のユニバーサル・スタジオ・ジャパンは54ヘクタールあります。どちらがどれだけ広いですか。

ばらばらでは理解に手間どる

　同じ文の中では普通、数量や重さの単位は同じものを使います。ばらばらだと、読み手はすぐに比べられず、手間や時間がかかります。

　NG文では、多くの人が質問されて「さて？」と戸惑ってしまいます。とくに②は「ええと……どこかに書いてなかったっけ？」と辞書や手帳などを探す人がいそうです。

　長さだけでも、メートル、インチ、フィート、ヤード、尺、間（けん）などと、単位はいっぱいあります。数量の単位は、飛びぬけて大きいものや小さいもの以外は、できるだけ統一します。例外的に「原油1ガロンと米1キロのどちらが人間に必要だ

と思うか」といった言い方はありますが、原則として、同じ性質のものは同じ単位で書きます。

並べて書くのは同レベルで

並べて書くときの問題は、数字の単位だけではありません。

NG文

①名古屋市と沖縄県ではどちらの人口が多いですか。
②日本の兵庫県と米国シアトル市の工業生産額を比べて論じなさい。

改善文

①愛知県と沖縄県ではどちらの人口が多いですか。
・名古屋と那覇ではどちらの人口が多いですか。
②日本の神戸市と米国シアトル市の工業生産額を比べて論じなさい。
・日本の兵庫県と米国ワシントン州の工業生産額を比べて論じなさい。

NG文はどちらも異種のものを比べています。①の名古屋は愛知県の中にある1市です。沖縄県内には41の市町村があります。名古屋がどんなに大きくても、市と県を並べて比べるのはアンバランスです。

②も、市同士を並べて「論じなさい」ならともかく、市より上の行政単位である県と市を並べるのはちぐはぐです。兵庫県の中心都市が神戸市、米国ワシントン州の中心地がシアトル市です。日本には州がありませんから、日本の県と米国の州を比べることはありえます。

「横浜市の予算額は韓国一国に匹敵する」といった書き方ならたとえ話としてできますが、特異な事情や狙いがある場合です。普通は異なるレベルのものを並べては書きません。

Lesson 62
修飾語の置き場所はここだ！

NG文

きれいな京都の女性たち。
⇒ きれいなのは京都？　女性たち？

原則①「飾りたい語句」に近づける

　修飾語は、他の語句を飾る言葉です。飾って補強し、ときには説明もします。しかし、文章が長くなると、いったい何を飾ろうとしているのかわからなくなる場合があります。

　NG文の修飾語「きれいな」の置き場所がよくないので、何がきれいか、解釈が2通りできてしまいます。女性たちがきれいなら、「きれいな」と「女性たち」を近づけます。

改善文①

京都のきれいな女性たち。

　こうすれば、修飾語「きれいな」は「女性たち」にかかります。きれいなのは京都だと言いたいのなら、「きれいな」と「京都」を近づけ、そのあとを読点「、」（70ページ参照）で仕切って「きれいな京都の、女性たち」とします。もっとおかしな例――

NG文

私と気が合わない彼女の父親。
⇒ 気が合わないのが「彼女」なら別れればいいのに？

改善文

私と気が合わない、彼女の父親。

位置関係を乱さない

完結した一文「赤い車が格好よく走った」で、言葉の関係を考えてみます。

赤い	**車が**	**格好よく**	**走った。**
（修飾語）	（飾られる言葉）	（修飾語）	（飾られる言葉）

これなら、修飾語と「飾られる言葉（被修飾語）」が2組ともすぐ近くにあります。ところが、この位置関係が乱れると──

NG文

格好よく赤い車が走った。

修飾語と被修飾語が離れてしまいました。赤いから「格好よい」のか、走るのが「格好よい」のか、わかりにくくなっています。

NG文

彼はしっかりと日本代表が優勝することを予想した。

改善文

・彼は日本代表が優勝することをしっかりと予想した。
・日本代表がしっかりと優勝することを、彼は予想した。

Lesson 63
修飾語が複数あったら？

NG文

正しい誤りない答え。

原則②長いものから先に書く

　特定の語句にかかる修飾語がいくつもあるときはどうしたら？　原則は単純です。長いものを先に、短いものを後に――どれも同じ程度の「飾り」言葉（修飾語）でどれかに重点を置くのでなければ、この原則でだいたい間違いありません。

　NG文は「正しい答え」と「誤りない答え」の、いわば合体です。でも、こう書いてしまうと「正しい誤り……？」と受けとられる可能性もあります。

改善文

誤りない正しい答え。

　修飾語が３つ以上ある場合も、長いものから。
「赤い」「おいしい」「買ったばかりの」⇒⇒この３つの修飾語で「リンゴ」を飾るとすると――

NG文

・赤いおいしい買ったばかりのリンゴ。
・赤い買ったばかりのおいしいリンゴ。
・おいしい買ったばかりの赤いリンゴ。
　⇒　どれもピタリときません。

> 買ったばかりのおいしい赤いリンゴ。

修飾節を前に、修飾句を後に

NG文

> 白いスターのサインが入った紙。
> ⇒ 白いスター？

> スターのサインが入った白い紙。

　飾りの言葉が長くなるときもあります。述語・動詞をもつ文（修飾節＝「スターのサインが入った」）が他の文や言葉を飾ることも。これは普通、動詞のない修飾語（修飾句＝「白い」）より前に出します。

　これらの例は、どちらの修飾語も書き手にとって重点が同じ程度の場合です。その中のどれかをぜひとも最優先したいことも、実際にはあります。

　左ページの例文で「赤い」をとにかく一番に伝えたいなら、そのときは一番前に出し、読点「、」を打ちます。

改善文

> 「赤い」を最優先に出す場合
> ⇒ 赤い、買ったばかりのおいしいリンゴ。

Lesson 64
全体修飾語から部分飾りへ

- 「地球温暖化が進む」
- 「東京の気温が上がる」
- 「渋谷で熱帯の蚊が見つかる」
⇒ この3要素を入れて「騒ぎがあった」につなげる文章を考えると──

NG文

- 地球温暖化が進み、渋谷で熱帯の蚊が見つかり、東京の気温が上がって騒ぎがあった。
- 東京の気温が上がり、地球温暖化が進み、渋谷で熱帯の蚊が見つかる騒ぎがあった。
- 渋谷で熱帯の蚊が見つかり、東京の気温が上がり、地球温暖化が進んで騒ぎがあった。
⇒ どれも何かチグハグでは？

改善文

地球温暖化が進み、東京の気温が上がって、渋谷で熱帯の蚊が見つかる騒ぎがあった。

原則③ 大状況を先に、小状況をあとに

ほぼ同じ長さの修飾語が複数あったら、どうすれば？ 内容次第です。

コツは大きく全体を包み込む枠組み（大状況）から、小さく1点を示すもの（小状況）へと書くことです。

これで読み手は自然な方向をたどり、理解しやすくなります。

「重大なことから細かいことへ」「原因から結果へ」と考えてもよいでしょう。

確認しながら例外に注意を

修飾語の3原則を確認します。

改善POINT

原則①「飾りたい語句」に近づける
原則②長いものから先に書く
原則③大状況から小状況へ

この原則にしたがっておかしな感じがないかを確認しながら書き進めてください。ただし、例外もあります。

黄色い彼の風船。

長いものから原則どおりに書いてありますが、これでは「黄色い」のは何か、すっきりしません。

誰でも無意識のうちに常識が働きますから、読み手の多くが「黄色いのは風船」と判断してくれます。そのため、この書き方で問題ないと誤解する人がいます。しかし「黄色いのが彼だなんて、おかしい」と言われる恐れもあります。

ひとつの文に2つの解釈ができてしまう形は避けなければなりません（70ページ参照）。原則どおりではおかしい場合は柔軟に書き換えます。

彼の黄色い風船。

Lesson 65
修飾語を使いすぎない

NG文

①どなたの髪にもフィットする、マイルドで使い心地のよい、新感覚のシャンプー。
②さまざまな形の意見が多彩にいっぱい出た会議。

改善文

①どなたの髪にもフィットする、新感覚のシャンプー。
　どなたの髪にもフィットする、使い心地のよいシャンプー。
⇒　せめて、これぐらいにしませんか。
②さまざまな意見が出た会議。

余分を省いてすっきりまとめる

　修飾語について、もうひとつ重要なことがあります。意味もなく飾りすぎないこと。

　文章は、飾りすぎるとごてごてとして、もったいぶった感じになります。

　普通は改善文の書き方で十分です。①は、宣伝コピーなら修飾語を意識して重ねる場合もありますが、作文やエッセイではしつこい印象になります。

　②は、意見の内容がさまざまであるうえに出席者の話し方が多彩だというのなら、その点を別の文でつけ加えてください。

　修飾語を使いすぎると文が長くなり、読み手にうんざりされます。修飾語はできるだけ少なめに、なくても通じるのなら省くほうが読みやすくなります。

修飾語を重ねるとくどくなる

実生活には修飾語をいくつか重ねて話すこともあります。しかし、文章にすると、たいていはくどいだけです。話し言葉との違いに気をつけましょう。

NG文

僕たちの夏は、汗をふくひまがなくて目がまわるぐらい相当に忙しい。さまざまな練習をかなりたっぷりと組み合わせた合宿が終われば、休む間もなくすぐに大会が始まる。

改善文

僕たちの夏は、汗をふくひまがないぐらい忙しい。さまざまな練習を組み合わせた合宿が終われば、休む間もなく大会が始まる。

ほとんど同じ意味の修飾語が重なっています。
「汗をふくひまがなくて」「目がまわるぐらい」「相当に」は、どれかひとつで十分。「さまざまな」と「かなり」「たっぷり」はまったく同じではありませんが、練習で絞られることを伝えるのならひとつでわかります。「休む間もなく」と「すぐに」はほぼ同じです。

要するに、**修飾語は必要最小限にとどめます。簡潔でわかりやすくするために、飾りすぎないように注意してください。**

Lesson 66
同じ話はまとめる

❌ NG文

　○○洋菓子店は新しいロールケーキを発売した。これで全国スイーツコンクールに出場するそうだ。◆◇和菓子店の白玉あんみつはとてもおいしいので、わたしは大好きだ。全国にもあれを超える甘味はそうはない。全国コンクールで○○洋菓子店のロールケーキが優勝したら、きっとブームになる。今のうちに食べておこう。◆◇和菓子店は新作を考える気はないのだろうか。

🟠 改善文

　○○洋菓子店は新しいロールケーキを発売した。これで全国スイーツコンクールに出場するそうだ。優勝したら、きっとブームになる。今のうちに食べておこう。◆◇和菓子店の白玉あんみつはとてもおいしいので、わたしは大好きだ。全国にもあれを超える甘味はそうはない。◆◇和菓子店は新作を考える気はないのだろうか。

■ 異なる内容を飛び飛びにしない

　内容が異なる文をばらばらに並べると、読み手は振り回されます。

　NG文は○○洋菓子店と◆◇和菓子店の話が入り混じって出てきます。読み手は視点をたびたび動かさなければなりません。飛んだり跳ねたり、行ったり来たり。こういうのが続くと、疲れてしまいます。

　関連の強い内容ごとにひとかたまりにして書き分ければ、内容が整理されて、読み手の理解も進みます。

内容の出入りにも気をつける

　左ページの例文は、〇〇洋菓子店と◆◇和菓子店という2つの中心が入り乱れてしまいました。中心がひとつしかなくても、内容が乱れると同じ問題が起きます。

❌ NG文

　あの温泉は源泉かけ流しで、湯量も豊富だ。駅から遠くて、バスも1日2往復なので行き帰りに不便という問題がある。旅館は新しくて冷暖房も完ぺきだし、従業員のサービスもよい。食事もうまい。マイカーで行くとしても、近くに遊び場や名所がないので家族向きではない。

⭕ 改善文

　あの温泉は源泉かけ流しで、湯量も豊富だ。旅館は新しくて冷暖房も完ぺきだし、従業員のサービスもよい。食事もうまい。駅から遠くて、バスも1日2往復なので行き帰りに不便という問題がある。マイカーで行くとしても、近くに遊び場や名所がないので家族向きではない。

　中心は「あの温泉」だけですが、その長所と短所が出たり入ったりしています。交通アクセスのこと・駅から遠い点やバスが「不便」と書いてから、旅館の良好な設備や食事が入って、その後に「マイカー」や「家族向き」の問題が出てきます。

　話の性質を見きわめて、まとめる必要があります。改善文は長所を前半に、短所を後半に集めました。

memo

第5章
もっと簡潔に・正しく書ける

Lesson 67
敬語を正しく使おう

> **NG文**
> ①弊社の社長に<u>お目にかかって</u>くださいますか。
> ②お客様は井上様で<u>ございますか</u>。
>
> **改善文**
> ①弊社の社長に<u>お会い</u>くださいますか。
> ②お客様は井上様で<u>いらっしゃいますか</u>。

尊敬と謙譲を使い分ける

敬語は敬意を示し、文章全体をやわらかくします。ただし、使い方を誤ると「言葉づかいを知らない奴だ」と思われてしまいます。

大きく分けて、3種類あります。

・相手を敬う「尊敬」語
・自分が譲って、謙虚にふるまう「謙譲」語
・言葉そのものを丁寧にする「丁寧」語

誤りの多くは尊敬語と謙譲語の行き違いです。とくに動詞の変化には注意がいります。

NG文①の「弊社」はへりくだった言葉で、お客に対して使うのは適正です。しかし、「お目にかかる」は、自分や自分たちを一歩下げて言う謙譲語。外部の人を主体にして使うのは間違いです。身内の人間が自分より目上（NG文では社長）であっても、外部の人に伝えるときは尊敬語「お会い」を使います。外部の人間を身内の誰よりも上におくのがエチケットです。

②の「ございます」は身内のことで使います。「高木でございましたら、5時に戻る予定になっております」。外部の相手には「いらっしゃいますか」と敬意を込めます。

　自分だけではなく自分が属する会社やグループの人間と、お客や取引先など外部の人間を区別して**尊敬語と謙譲語を使い分けるのが基本**です。

「来られる」と「いらっしゃる」

　敬語の使い分けでよく問題になるのが、「れる」「られる」です。

> ❌ **NG文**
>
> 　会場に<u>来られ</u>ましたら、展示場所をスタッフに<u>うかがって</u>ください。
>
>
>
> ⭕ **改善文**
>
> 　会場に<u>いらっしゃい</u>ましたら、展示場所はスタッフに<u>お聞きになって</u>ください。

「れる」「られる」は可能や受け身の表現にも使われるので誤解を招くことがあります。

「うかがう」は、聞く・行く・来るの謙譲語で、目下の者が目上の人に対する場合に使います。この例文では「外部の目上の人が身内のスタッフに聞く」わけですから、尊敬の意を示す「お聞きになる」か「お尋ねになる」と書くのが適切です。

　敬語表現は、文法の知識も必要ですが、早く慣れることが何より大事です。書き慣れないときは、間違えないように慎重に。迷ったら辞書や用語集を参考にし、周囲の助けもできるだけ借りましょう。

Lesson 68
敬語を何重にも使わない

NG文

　お客様がおっしゃられた件については、明日中にご相談させていただきます。

改善文

・お客様がおっしゃった件については、明日中にご相談にうかがいます。
・お客様がおっしゃった件については、明日中に相談させていただきます。

二重敬語は避ける

　丁寧に書こうとするあまり、敬語を重ねて使う人がいます。

　NG文は、よくある二重敬語です。「おっしゃる」だけで尊敬語なので、さらに「られる」を重ねる必要はありません。

　後半は、「ご相談」という敬語のあとにさらに「いただく」を加えています。「させていただく」の使い方については、専門家の間でも議論があり、確定していません。実際に会って交わす会話なら習慣上よく使うので気にならなくても、文書にすると過剰な印象を与えることがあります。少なくとも「ご相談」とセットで書くのは避けるほうがよさそうです。

ゴマスリの印象も

　敬語の数だけ相手への敬意が増すわけではありません。二重、三重の敬語はくどく、ゴマすりの印象が強まります。あまり繰り返すと、かえって誠意を疑われます。

改善POINT

①敬語を何重にも使わない
②敬語はひとつで十分に意が通じる

　次のような場合も注意してください。

NG文

①関係**各位様**　来月の集まりについてご連絡します。
②株式会社横浜エンジニアリング　井上一郎**社長様**

改善文

①関係各位　来月の集まりについてご連絡します。
②株式会社横浜エンジニアリング社長　井上一郎様
・株式会社横浜エンジニアリング　井上一郎社長

　「各位」自体が敬意を示していますから、「各位様」は二重敬語です。**肩書の社長や部長、先生などにも敬意がこめられているので、普通は「様」「殿」をつけません。**

Lesson 69
「お」と「ご」をうまく使おう

> **NG文**
> ①提案をありがとうございます。弊社からも新しくご提案いたします。
> ②先輩からの質問にお答えし、僕からもご質問させていただきます。
>
> **改善文**
> ①ご提案をありがとうございます。弊社からも新しく提案いたします。
> ②先輩からのご質問にお答えし、僕からも質問させていただきます。
> ・先輩からのご質問にお答えし、僕からも質問します。

習慣による例外もある

　敬意を示す「お」や「ご」をやたらとつけたがる人もいますが、相手に対してつけるものです。**自分の行為や持ち物には、一部の例外を除いてつけません。**

　どちらの例文も、前半の「提案」「質問」は相手がすることですから、「ご」をつけると敬意を示せます。後半は自分からの行為ですので、「提案」「質問」です。

　微妙なのは「お答え」で、慣用的な例外にあたります。言葉は習慣ですから、文法上の疑問があっても社会ですでに定着している言い方もあります。「お知らせします」「ご連絡します」なども、その一種です。

　ただし、「ご質問させていただく」というのは、これ自体が

二重敬語ですから、「ご」をとったうえで「質問させていただきます」か「質問します」が正しい表現です。

「お」「ご」をつけない言葉もある

外来語や言葉自体が「お」や「ご」で始まる場合は、敬語の「お」や「ご」をつけません。「ご主人」とは言っても「お奥様」とは言いません。

よい意味ではない言葉、動植物や自然現象の多くにも「お」「ご」をかぶせません。「お巡りさん」「お猿」はあっても、「お泥棒」「お猫」はありません。

NG文

酒とおビールとつまみで1500円いただきます。
⇒ 間違いではありませんが、なにかチグハグです。

改善文

・お酒とビールとおつまみで1500円いただきます。
・酒とビールとつまみで1500円いただきます。

「おビール」はたまに言いますが、やや強引な接待用語です。「おウイスキー」「おエンジン」とは書きません。NG文で「お」をあえてつけるなら、「お酒」「おつまみ」です。

なお、「お」と「ご」には使い分けがあります。訓読みする言葉（和語）に「お」が、音読み漢字で組み立てられた言葉（漢語）に「ご」がつきます。「お考え」「お力」、「ご意見」「ご助力」などです。

Lesson 70
体言止めを使いこなす

> **NG文**
>
> 　まだ就活を始める前のことだ。思い出すのは夏休みや春休みだ。いろいろなアルバイトをやった。新聞配達をやり、レンタルビデオ店のレジ係をやり、遊園地でぬいぐるみを着てキャラクター役もやり、野球場のビール売りもやった。今から思えば夢みたいだ。

> **改善文**
>
> 　まだ就活を始める前のことだ。夏休みや春休み。いろいろなアルバイトをやった。新聞配達、レンタルビデオ店のレジ係、遊園地でぬいぐるみを着てキャラクター役、野球場のビール売り。今から思えば夢みたいだ。

論文以外で活用しよう

　NG文は「〜やり」が続きます。こういうときは名詞でマル「。」を打って動詞・述語部分を省略すると歯切れがよくなり、文を短くできます（50ページ参照）。「〜だ」をひとつ略し、「〜やり」は全部略しました。

　こうした体言（名詞）止めを嫌う考え方もあります。「名詞で止めると、その後に否定文があるかもしれないから不正確だ」というものです。しかし、この例文で「夏休みや春休みではない」「ビール売りはやらなかった」と解する読者がいるとは思えません。

　体言止めを使うべきでないのは、学術論文を書く場合です。とくに科学系の論文はリズム感より正確性を優先しますので、

使わずに書くのが原則です。だからといって、普通の作文やエッセイなどにまで「いっさい使うな」というのは誤解、偏見、もしくは間違った固定観念です。的確に使いこなしましょう。

つながりとのバランスに注意

普通文が続いたときに、体言止めを交えることで変化がつきます。だたし、使いすぎると粗雑になることがあります。

❌ NG文

彼はプロ野球の選手。毎日バッティング練習。1日3時間。守備の練習も日課。こちらの時間はばらばら。一番気をつけているのがけが。足腰や肩のマッサージはまるで義務。懸命に取り組んでいる。

🔴 改善文

彼はプロ野球の選手**だ**。毎日バッティング練習を3時間**やる**。守備の練習も日課**だが、**こちらの時間はばらばら。一番気をつけているのがけが**で、**足腰や肩のマッサージにはまるで**義務のように**懸命に取り組んでいる。

全部を体言止めで書きあげることも誤りではありませんが、非常に特異な文章です。何かの狙いでわざとする場合以外は、動詞・述語を普通に書くのが基本です。

体言止めを3回以上続けるなという人もいます。算数の公式みたいに回数のワクをはめるのはおかしいですが、繰り返しても雑な印象を与えていないかを見きわめる必要はあります。歯切れよさと文のつながり、正確性のバランスが問題です。

Lesson 71
肯定文と否定文を分ける

✖ NG文

　人の話を聞くとき、私はメモをしっかりとる。記憶だけに頼ると、重要なことを覚えきれない。メモはいつも私を助けてくれる。全体の流れがつかめなかったら、話を聞いたとはいえないだろう。きちんと書きつけておけば、千人力だ。

⭕ 改善文

　人の話を聞くとき、私はメモをしっかりとる。メモはいつも私を助けてくれる。きちんと書きつけておけば、千人力だ。記憶だけに頼ると、重要なことを覚えきれない。全体の流れがつかめなかったら、話を聞いたとはいえないだろう。

✏ まとめると理解しやすい

　肯定と否定を何回もくるくると出し入れすると、読み手の集中力がすり減ります。**肯定は肯定で、否定は否定で、できるだけまとめるほうが、理解しやすくなります。**

　NG文は、肯定→否定→肯定→否定→肯定と凸凹に進んでいきます。読み手はアクセルとブレーキを踏んだり、はずしたりしなければなりません。余分にエネルギーを使います。

　いつも肯定文や否定文ばかりとはいきませんが、入り乱れる状態が続いては、読み手を疲れさせます。「あいつのリポートを読むたびに、なんだかくたびれる」と言われる原因のひとつは、これです。長文では、とくに気をつけないといけません。

重要度が同じなら肯定文から

　肯定と否定のどちらを先に書いたらよいのか。内容によりけりですが、**重要な事柄、重点を置くほうから書くのが原則です。**

　重要度が同じくらいの肯定と否定なら、肯定を先にするほうが読み手は自然に理解できます。

NG文

　彼は、たいていのことならできないはずがない。アルバイトの中でもベテランだ。もう3年もやっているのだから、新米ではない。そろそろ大事な仕事もこなせるだろう。

改善文

　彼は、そろそろ大事な仕事もこなせるだろう。アルバイトの中でもベテランだ。もう3年もやっているのだから、新米ではない。たいていのことなら、できないはずがない。

　どちらかというと、肯定部分が否定部分より重要なことが多いためです。否定部分から書くと、全体が暗くなる面もあります。

　何かを否定するのが目的の場合は、「肯定優先」にこだわらず、臨機応変に変えていきます。その場合ももちろん、肯定と否定が入り乱れるのはできるだけ避けて、わかりやすくまとめてください。

Lesson 72
数字をはっきり書こう

❌ NG文

①ここからあそこまではかなりの距離がある。
⇒ 言葉を聞いただけでは100メートルかも、50キロかもわかりません。

②彼女のアルバイト代はすごく高いから、君たちはうらやましくなるだろう。
⇒ 1時間1000円？ それとも1万円？ まさか、もっと？

🔴 改善文

①ここからあそこまでは約5キロある。
②彼女のアルバイト代は1時間1500円だから、君たちはうらやましくなるだろう。

📝 明示しないと伝わらない

あいまいな強調用語「かなり」「すごく」「多数」などを使っていませんか。ニュアンスを強めるときに使ってもよいのですが、読み手の受けとり方がさまざまに分かれて、正確に伝わらないことがあります。

何を基準に「距離がある」「遠い」「高い」とするのかは、人によって変わります。NG文のような場合は**数字をはっきりと書かないと、誤解や都合よく解釈をされる恐れがあります。**

とくに、ビジネスでは気をつけないといけません。ときにはクレームの原因になります。

NG文

予定日までに完成させるために、もう少し応援をください。

改善文

予定日までに完成させるために、あと20人、応援をください。

　書き手と読み手で「もう少し」の人数がずれてしまう可能性があります。読み手に「まあ5人も出せばいいだろう」と解釈されたら、応援が足りません。

年月日表現にも注意

　重要なのは数字です。あいまいな書き方は禁物です。細かく出せない場合は、およその数だけでも示すことを考えます。

　人数や距離だけではありません。年月日にはとくに気をつけないといけません。

NG文

先だっての報告書を来月半ばまでに修正してください。
⇒　この文書は1ヶ月もしないうちに、いつの話かわからくなります。たとえ最後に日付があるとしても、そこまで読まなければ伝わりません。

改善文

9月5日の報告書を11月半ばまでに修正してください。

　具体的な日にちを書いておけば、読み手はすぐにわかりますし、文書がいつまでも有効になります。「来週」「先月」「来月」「来年」「昨年」などの表現には注意がいります。

Lesson 73
所属先や活動内容を具体的に書く

 NG文

①私は<u>ゼミの</u>先輩を通じて御社のことを知り、志願しました。

②僕は<u>アルバイト体験</u>を通じて、接客のABCを学びました。

 改善文

①私は<u>現代広告論ゼミ</u>の先輩を通じて御社のことを知り、志願しました。

②僕は<u>コンビニ店員のアルバイト体験</u>を通じて、接客のABCを学びました。

サークル・団体・ゼミ名も入れる

　入試・就活の作文やエントリーシートでは、所属やそこでの活動・仕事・研究の内容をはっきり書きましょう。単に「サークル」「部活」「ゼミ」というだけでは、あなたの情報として不十分です。

　作文は自分を知ってもらうチャンスでもあります。せっかくの機会ですから、それが話題の中心ではないにしても、一言でも知らせておくのが賢いやり方です。

　読み手は、「ああ、○○のゼミにいたのか」と、それだけであなたを理解する材料を得ます。とくに会ったこともない相手に向けて書く場合は有効です。「コンビニのアルバイトを何年やったの？」「接客でどんなことを学んだの？」などと、面接・面談で話がつながることもあります。

具体的にほしいポイントは

内容を具体的に書くのは、所属先の名前だけではありません。

> **✕ NG文**
>
> 御社に入ったら、<u>仕事</u>について教えていただき、<u>研究テーマ</u>を活かした業務につきたいと願っています。
>
> **◯ 改善文**
>
> 御社に入ったら、<u>広告管理の仕事</u>について教えていただき、<u>研究テーマの「ネット広報の基礎と実践」</u>を活かした業務につきたいと願っています。

書き手の事情や経験を書く個所は、最大限有効に使うべきです。

NG文の「仕事について教えていただく」のは当たり前です。仕事の種類も研究テーマもわかりませんから、この人が何をやりたいのかまで見えてきません。

他に特別な設問欄がない限り、**「学んだこと」「研究テーマ」「経験の中身」は、少しでも具体的にほしいポイントです**。どんな文書も字数やスペースに制限はありますが、これぐらいなら他を削っても書き入れる努力をしましょう。

Lesson 74
カタカナはアクセントに使える

❌ NG文

①起業のポイントは<u>人、金、物</u>だ。よく考えて人と接しろ。

②文章で重要なのは、主語と述語の<mark>カカワリ</mark>を<mark>シッカリ</mark>させたうえで、<mark>シュウショクゴ</mark>と<mark>ヒシュウショクゴ</mark>の場所に気をつけることだ。<mark>イチブンイチギ</mark>といって、ひとつの文にはひとつの解釈しかできないようにセットしよう。

⭕ 改善文

①起業のポイントは<mark>ヒト、カネ、モノ</mark>だ。よく考えて人と接しろ。

②文章で重要なのは、主語と述語の<mark>かかわり</mark>を<mark>しっかり</mark>させたうえで、修飾語と被修飾語の場所に気をつけることだ。<mark>一文一義</mark>といって、ひとつの文にはひとつの解釈しかできないようにセットしよう。

✏️ ただし、使いすぎると理解されない

カタカナは目立ちます。たまに使うとアクセントになります。ただし、タイミングがあり、やりすぎると全体がぎくしゃくしてしまいます。

①は漢字でもかまいません。文脈や雰囲気から選びます。カタカナだと噛んで含めるような響きになります。

②は、あまりにもカタカナだらけです。どれを強調したいのかがぼやけてきます。**カタカナによる強調は、普通は1回、多**

くても2回です。

カギカッコにも強調機能がある

カギカッコ「　」も使い方次第で語句やフレーズを強調できます。

- 起業のポイントは「ヒト、カネ、モノ」だ。よく考えて人と接しろ。
- 起業のポイントは人、金、物だ。よく考えて「人」と接しろ。

カギカッコは言葉をさりげなく強調したり、意味を深めたりするのに有効です。ただ、これも使いすぎると、読みにくくなります。深めたつもりの意味が理解されないこともあります。

- 「起業」のポイントは「人、金、物」だ。よく考えて「人」と接しろ。
- 「起業」のポイントは「人、金、物」だ。よく考えて「ヒト」と接しろ。
- 「起業」のポイントは"人、金、物"だ！　よく考えて"人"と接しろ！

記号・符号をやたらと使う人がいます。それぞれにこめた意図があるはずですが、読み手にはほとんど理解されません。かえって混乱します。

こうした記号類はカギカッコだけにして、使用回数もできるだけ少なめにしないと、くどくなるだけです。

Lesson 75
語順を替えると印象が変わる

NG文

①彼女は彼にさようならと言った。
②テニスの錦織圭選手が10月の全米オープンで世界のライバルたちに勝った。

改善文

①彼女は彼に言った、さようなら。
②テニスの錦織圭選手が10月の全米オープンで勝った、世界のライバルたちを破って。
・テニスの錦織圭選手が世界のライバルたちに勝った、10月の全米オープンで。

変化をつけて演出する

　例文はどこも誤っていませんが、いつもお行儀よく同じ語順で書く必要はありません。ときには語順を入れ替えると、変化がついて特定の個所を強調できます。

　どの順番で書けばよいかは、話の内容や構成によります。

　①では「さようなら」を、②では「世界のライバルたち」や「全米オープン」を、ことさら浮かび上がらせるのに効果的です。

　野球でいえば、直球だけでなく、変化球を交えるようなものです。ただし、やりすぎるとキザな感じになります。たまにやるから効果があると思ってください。

仕掛けを楽しもう

強調したい語句を、文の最初に出すやり方もあります。

 改善文

① **さようなら**と、彼女は彼に言った。
② **世界のライバルたちに、テニスの錦織圭選手が10月の全米オープンで勝った。**
・10月の全米オープンで、テニスの錦織圭選手が世界のライバルたちに勝った。

ほかにも、「世界のライバルたち」と「勝った」をともに強調したいときは、その2つを組み合わせて最初におく、やや変則的な語順にもできます。

例）世界のライバルたちに勝った、テニスの錦織圭選手が10月の全米オープンで。

ここまでくると、どちらを強調しているのかわからなくなります。でも、こうした仕掛け・演出を楽しめるのも、ものを書くおもしろさです。

Lesson 76
「そして」「しかし」などは省ける

❌ NG文

春が来て、そして、いろいろな花が咲いた。また、さまざまな鳥も歌いはじめた。さらに、風までが快い。しかし、物価が上がりだしたのにはまいった。だから、暮らしやすい季節だとはちょっと言い切れない。

⭕ 改善文

春が来て、いろいろな花が咲いた。さまざまな鳥も歌いはじめた。風までが快い。しかし、物価が上がりだしたのにはまいった。暮らしやすい季節だとはちょっと言い切れない。

📝 削っても前後がつながる

「また」「しかし」「そして」「さらに」などの接続詞は、全部が不必要とまではいきませんが、大半は略しても通じます。

NG文は、接続詞が5つあります。使いすぎていて、文全体が途切れがちです。うるさい感じにもなります。話の内容が変わる位置にある「しかし」を残して、他の4つはなくても前後がつながります。

子どもの作文によくあるパターンを考えてください。

例）お誕生会がありました。そして、ごちそうを食べました。そして、とてもおいしかったです。そして……。

自然につながればリズム感も出る

　接続詞やつなぎ言葉を必要最小限にするのがなめらかさを保つコツです。

> **❌ NG文**
>
> ①私たちはこんなにも練習してきたのだから、したがって勝って当然だ。
> ⇒　理由と結果をつなぐ「〜だから」「したがって」は同じことでは？
> ②彼は選手だ。そして、彼女はマネージャーだ。
> ⇒　当り前だろう。それとも何か重要な意味でも？
>
> **⭕ 改善文**
>
> ①私たちはこんなにも練習してきたのだから、勝って当然だ。
> ・私たちはこんなにも練習してきたのだ。したがって勝って当然だ。
> ・私たちはこんなにも練習してきた。勝って当然だ。
> ②彼は選手だ。彼女はマネージャーだ。

　こうした言い方は、関係者の間で特別に強調する場合によく使います。何か理由があるはずですが、その「理由」は当事者以外に理解されないケースが多く、意味ありげな接続詞は、誰にでも幅広く読ませる文章には合いません。

　NG文①は接続詞や接続助詞を使わなくても、同じ意味が十分に伝わります。②は、とくに「そして」で仕切る理由があるなら、別に意図を書き加えなければわかりません。

　文章自体は「だから」や「したがって」「そして」を削っても自然につながります。むしろテンポがよくなり、リズム感も出ます。

Lesson 77
同じ言葉を繰り返すな

❌ NG文

①じっくり話し合う<u>こと</u>は、とても良い<u>こと</u>だ。メンバー同士の意見交換を増やす<u>こと</u>によって、強い連帯感が生まれる<u>こと</u>になる。
②来週には<u>東京</u>に<u>帰京</u>します。

⭕ 改善文

①じっくり話し合う<u>の</u>は、とても良い<u>こと</u>だ。メンバー同士の意見交換が増えると、強い連帯感が生まれる。
②来週には<u>東京</u>に<u>帰り</u>ます。
・来週には<u>帰京</u>します。

📝 略すか、他の表現に替えよう

　同じ語句を繰り返し書くと、幼稚な印象になります。とくに、ひとつの文や段落の中で同じ言葉がダブると目立ちます。
　①は59字の短い範囲に「こと」が4回も出ました。改善文1回にしました。
「こと」や「もの」は、誰でもダブりがちな言葉です。つい癖になっている人もいます。たいていは略すか、他の表現に替えられます。
　②の「帰京」は、これだけで「東京に帰る」の意味ですから、NG文は完全なダブリです。
「故郷に帰郷する」「全力疾走で走る」「途中で中断する」「海に海洋投棄する」「文中の中で」なども同じです。

実質ダブリの場合もある

ダブリは動詞でも起きます。

NG文

　やり直すことができるのなら、彼にもっと優しくできるのに。

改善文　

・やり直せるのなら、彼にもっと優しくできるのに。
・やり直すことができるのなら、彼にもっと優しくするのに。

　言葉そのものは違っても、意味は変わらない場合もあります。これもダブリの一種です。

NG文

　会費を上げなければならない理由には、２つのわけがある。

改善文　

・会費を上げなければならない理由には、２つある。
・会費を上げなければならないのには、２つのわけがある。

Lesson 78
長いダブリにも注意する

❌ NG文

　私は若者のファッションセンスがどう変わったかを10年以上も調べてきたから、最近2、3年の若者のファッションセンスがどう変わったかを解説するくらいはすぐにできます。

⭕ 改善文

　私は若者のファッションセンスがどう変わったかを10年以上も調べてきたから、最近2、3年の傾向を解説するくらいはすぐにできます。

■一言で表すフレーズがあれば

　ダブリは、単語だけとは限りません。文の一部や趣旨がそっくりダブることもあります。

　NG文は80字の間に20字の一文「若者のファッションセンスがどう変わったか」を2度も書いていて、この言葉が半分を占めています。

「最近2、3年のそれを解説するくらいは」ともできますが、「それ」「これ」などの指示語よりも実態を示すフレーズを使うのがベターです。例文の場合は「傾向」「動向」といえば、若者のファッションセンスの変わりようとして無理なく理解してもらえます。

広い範囲に点在する場合も

一字一句が同じでなくても、実質同じことを長々と書くのもダブリです。

❌ NG文

> 僕たちのチームは彼ひとりの活躍に頼りきってきた。彼がけがで欠場したら、とたんに戦力に響いてしまう。彼だけに依存しつづけるワンマンチーム状態だ。これでは全国大会で勝ち進むことはできない。

⭕ 改善文

> 僕たちのチームは彼ひとりの活躍に頼りきってきた。彼がけがで欠場したら、とたんに戦力に響いてしまう。これでは全国大会で勝ち進むことはできない。

NG文の「彼ひとりの活躍に頼り切ってきた」と「彼だけに依存しつづけるワンマンチーム状態」は、まったく変わりません。「彼だけに依存」と「ワンマンチーム」も、言葉は異なっても意味は同じで、この文自体がダブっています。

❌ NG文

> 私は新潟県の降雪量と地球温暖化の関係を観察してきた。とくに2010年以降の新潟県の降雪量と地球温暖化の関係には詳しいつもりだ。

⭕ 改善文

> 私は新潟県の降雪量と地球温暖化の関係を研究してきた。とくに2010年以降の問題には詳しいつもりだ。

「これ」「その」を使いすぎない

❌ NG文

卒業式の後半には、校長先生の挨拶があった。<u>それ</u>に PTA 会長や市長代理の祝辞が続き、最後は卒業生全員で校歌を合唱した。<u>その</u>歌声はいつまでも<u>あの</u>会場に響いていた。

⭕ 改善文

卒業式の後半には、校長先生の挨拶があった。PTA 会長や市長代理の祝辞が続き、最後は卒業生全員で校歌を合唱した。歌声はいつまでも会場に響いていた。

多くは略しても通じる

「この」「それ」「あそこ」「どこ」といった指示語は頭文字をとって「こそあど言葉」ともいわれ、要注意です。乱発すると、くどく、やがては何を指示しているのかが判別しにくくなります。

反対に指示語を的確に使えば、文を短くできますから、すべての指示語がいつも余分なわけではありません。タイミングよく入れるとよい場合もあります。ただ、何を示しているかがわかることと、似た表現を使いすぎないことが大事です。**同じ文中や段落中にいくつもの指示語を書くのは避けてください。**

多くの場合、略しても通じます。どうしても増えそうなときは、文全体を書き換えましょう

略したスペースで内容補充をするとよい

なくてもすむ指示語は略します。スペースがあれば、できるだけ略して具体的な内容を盛り込むことを考えてみてください。

NG文

　新年会では、副社長の音頭で乾杯した。**その後に**社長から成績優秀者に表彰状が贈られた。

改善文

　新年会では、副社長の音頭で乾杯した。**皆でグラスを傾けた後、**社長から成績優秀者に表彰状が贈られた。

主な指示語表現
これ・それ・あれ
この・その・あの
こんな・そんな・あんな
これら・それら・あれら
どれ・どの・どんな
こうした・そうした・ああした
このうち・そのうち・あのうち
前者・後者
前述・後述
同様な・同様に

Lesson 80
余分な前置きを書かない

❌ NG文

①御社を第1希望に選んだ根拠を、<u>これからいくつかに分けてご説明します</u>。まず御社が人材育成に熱心なことで〜

②私はその提案に反対します。<u>理由としては、</u>日程がすでに固まっているからです。

⭕ 改善文

①御社を第1希望に選んだ根拠は、まず御社が人材育成に熱心なことで〜

②私はその提案に反対します。日程がすでに固まっているからです。

✏ 省いてもつながり、むしろなめらか

　なくてもよい注釈や前置きを書く人がいます。
「これから述べる」「なぜかと言うと」「その理由としては」「そのわけと申しますのは……」など。省いても違和感なくつながります。ないほうが、むしろなめらかなこともあります。

　NG文①は、エントリーシートや作文などの記述試験でよく見かけます。採点担当者は「これから理由を説明する」ことなど承知しています。**早く本題に入らないと、いらだたせるだけで、高い評価は得られません。**1000字前後の作文ではスペースがもったいない面もあります。

　NG文②は、議案説明やビジネス文書で見かける例です。企画書やリポートの書き出しに「○○の企画を立てましたので下

記のとおりご提案します」「〜〜の現状について調査し、ここに報告いたします」など。読み手は「○○の企画書」といったタイトルだけで、とっくにわかっています。まわりくどい、ときにはもったいぶった印象を持たれます。

ほとんど無意味な言葉も書かない

とくに忙しい人に読んでもらうときや、多数の人間が作文を提出する場合は、無駄だらけの文章は読み手に敬遠されます。

 NG文

①今度の委員会は、<u>基本的に</u>歓迎会が終わったあとに開くことにします。
②彼は<u>いわゆる</u>慌て者で、<u>俗にいう</u>見当違いの解釈をときどきする。

 改善文

①今度の委員会は、歓迎会が終わったあとに開くことにします。
②彼は慌て者で、見当違いの解釈をときどきする。

NG文①は、何が「基本的に」なの？ やたらと使う人もいますが、省いても意味は変わりません。「基本」以外に何かあるのであれば、「今度の委員会は歓迎会が終わった後に開きます。ただし歓迎会が長引いたら、委員会は○日に延期します」などとはっきり書き加えます。

②は、「いわゆる」も「俗にいう」もほとんど同じ意味ですが、この場合はどちらもなくて通じます。

Lesson 81
文の終わり方に変化をつける

❌ NG文

　私はよく京都旅行を<u>しています</u>。訪れるたびに、ちょっとした街角にも古都の風情を感じ<u>ています</u>。何回行っても、いつも新鮮な気持ちで楽しん<u>でいます</u>。もう京都が生きがいみたいになっ<u>ています</u>。また時間を見つけて行こうと思っ<u>ています</u>。

⭕ 改善文

　私はよく京都旅行を<u>しています</u>。訪れるたびに、ちょっとした街角にも<u>感じる古都の風情</u>。何回行っても、いつも新鮮な気持ちで<u>楽しめます</u>。もう京都が生きがい<u>みたいです</u>。また時間を見つけて行こうと<u>思います</u>。

✏ 単調になりやすいので注意を

　NG文に文法上の誤りはありませんが、個々の文がどれも「〜ています」で終わっています。繰り返すと単調になります。文すべてを異なる終わり方にする必要はありませんが、できるだけ変化をつけるほうが読み手を飽きさせません。
「〜している」という状態表現は、たいてい「〜する」という動作表現に換えられます。「〜です」「〜だ」の言い方や体言止め（156ページ参照）に書き換えることもできます。

　同じ終わり方の文をわざと並べる人も、中にはいます。歯切れをよくする試みです。たまにはうまくいっても、狙いどおりにまとまることはあまりありません。

「～である」に気をつける

繰り返しやすいのは「～である」「～だ」も同じです。とくに「である」は強い言い方なので気をつけないといけません。

NG文

消費税をどうするか、じっくりと議論しなければならない問題<u>である</u>。庶民の出費が増えるのは確実で<u>あり</u>、誰もが影響を受けてしまう制度<u>である</u>。政治家や学者だけでなく、幅広い人々から意見を聞くべき<u>である</u>。

改善文

消費税をどうするか、じっくりと議論しなければならない。庶民の出費が増えるのは確実で、誰もが影響を受けてしまう。政治家や学者だけでなく、幅広い人々から意見を聞くべき<u>である</u>。

目安として3回以上の連続使用は避けるほうがよさそうです。多すぎたら略すか、別の表現にしてください。

memo

第**6**章

書き終えるときに

Lesson

強調しすぎても効果はない

❌ NG文

　今年のボランティア交流会は<u>まったく</u>素晴らしく<u>有意義</u>だった。全員がまず人を助けることの意味を<u>このうえなく</u>しっかりと再確認し、1年間の体験を<u>何ひとつ隠すことなく</u>全部出しあって、成果を<u>本当に</u>共有することができた。討論会でも<u>遠慮ない</u>意見を活発にかわし、夜の懇親会では<u>心の真底から</u>理解しあえたと、私は確信を<u>とても</u>深めている。

⭕ 改善文

　今年のボランティア交流会は<u>素晴らしかった</u>。全員がまず人を助けることの意味を<u>しっかりと</u>再確認し、1年間の体験を<u>全部</u>出しあって、成果を共有することができた。討論会も<u>活発</u>で、夜の懇親会では<u>心から</u>理解しあえたと、私は<u>確信している</u>。

✏️ 控えめの表現が共感を呼ぶ

「まったく」「本当に」「心の真底から」など、**強調言葉を使いすぎると、その効果はむしろ減ります**。「まったく素晴らしく有意義」と称賛をここまで並べては、くどいだけです。

　言葉の強さに比例して人が突き動かされるとは限りません。むしろ、控えめのほうがうなずいてくれます。せいぜい1回か2回、最も肝心なところを強調するぐらいが読み手の共感をよびます。

感動を押し売りしない

書き手と読み手では気持ちも立場も違います。

  NG文

> 彼の海外体験に感動しない人などはいないはずです。アジア各国を無銭旅行なんて、考えられないぐらいの貴重な日々だと誰だって思います。こんなにすごい話はめったに聞けるものではありません。

改善文

> 彼の海外体験は感動ものです。アジア各国を無銭旅行とは、貴重な日々だと思います。例えばタイでは……、ベトナムにいたときには……こんな話はめったに聞けません。

「感動しない人などはいないはず」と、1人で決めつけています。その理由が、アジアを無銭旅行したという以外はわかりません。これだけで読み手を筆者と同じ気持ちにすることは、なかなかできません。

できないばかりか、「感激」「感動的」「考えられない」「すごい」「めったに」などの感情言葉は、乱発すればするほど空回りします。それでも書き手が力んで感情を押しつけると、読み手はしらけてしまいます。過剰な表現は、できるだけ抑えてください。

何があったのか、具体的な事実を読み手に知らせることが何より必要です。**感動を押し売りするよりも事実を丹念に示すことで理解してもらいましょう。**

Lesson 83
読み手を無理に追いこまない

NG文

① 努力するのが当然ではないですか。
② そういうバカなことを考える人がいるわけないだろうが？

改善文

① 努力するのが当然だと私は思いますが、どうですか。
② そういうバカなことを考える人はいないだろう。

反語は慎重に使う

　NG文は2つとも疑問形をとりながら「ああ、当然ですよ」「はい、いるはずがありません」という答えを要求しています。「反語」「反語的修辞法」と言われる表現です。自分が100％正しいことを前提に、読み手に同意以外はさせない感情がにじんでいます。

　これで心から同意してもらえるかは疑問です。

　意見を書くときは主張の中身をはっきり出しますが、一方でそれをまるで絶対的真理のように押し立てて読み手を追い込んではいけません。

　ほとんどの場合、「自分はこう考えるけど、どう思うか」という程度にとどめるほうが理解してもらえます。**理由や実例を示しながら、読み手に考える余地を残してあげるのが有効です。**「反語」による主張の展開は、慎重にやらなくてはいけません。

穏やかに確認しながら

何かの行き違いや対立があった場合は、とかく問い詰めるような、攻撃的な書き方をしてしまいます。

NG文

①貸し出し期限を過ぎています。どういうことですか。
②5日になっても入金がありません。2日以内に入金してください。

改善文

①貸し出し期限は10日までとなっています。ご確認をお願いします。
②5日の時点で入金いただいていないようです。25日までにご入金をお願いいたします。

きつい言葉を書けば解決するわけではありません。火に油を注ぐ可能性があり、もし誤解だったら気まずいことになります。

控えめな書き方でも、問題やときには怒りも伝えられます。相手との関係にもよりますが、まずは改善文①のように事実関係や原因を確かめるつもりで、確認を求める姿勢を打ち出すのが筋です。

そのうえで改善文②のように次の段階に進みます。言葉づかいはあくまで穏やかに。それでも問題点は十分に指摘できるはずです。

Lesson 84
自分の言葉で終わろう

> **NG文**
>
> ……このようにさまざまな形で地球温暖化が進んでいる。温暖化を防いで適正な環境を堅持することは、この世界に存在する全人類、全国家が全力を挙げて取り組むべき神聖な責任と義務だと私は心から確信しているのである。

力んだ演説調は避ける

　最後をなんとかよい形で締めくくろうとして、つい演説調になってしまいました。

　格調高いですが、なんとも高すぎるとも言えます。「地球温暖化を防ぐために、世界中が全力で取り組まなければいけない」と書けばすむことです。

　どれだけの説得力があって、読み手がうなずいてくれるかは、文章作品の内容全体から決まります。最後に力んでも効果は疑問です。

　最後の締めくくり・どう終わらせるかは、プロでも迷います。書き出しと並んで、永遠の課題です。問題は、読み手がどう受けとるか。これだという正解はありませんが、少なくともNG文のような絶叫調やどこかの大統領みたいな演説調は避けるべきです。

使い古しの言葉は個性をぼかす

ありきたりな言葉も、読み手に訴える力はあまりありません。

❌ NG文

> ……このようにさまざまな形で地球温暖化が進んでいる。誰もが協力しあって、ひとりひとりが他の人の役に立つことから始めるべきだと思う。皆が宇宙船地球号の一員なのだから。

　立派な考え方で、そのとおりではあります。これに反対する人は少ないでしょう。しかし、「はあ、そうですね」と軽く受け流す人も多そうです。決まり文句では書き手の個性がぼやけてしまい、顔も姿もはっきりしないからです。

　人の心を揺さぶるキーワードで締めくくれれば理想ですが、いつもそうはいきません。それなら、場違いな演説やどこかで聞いたような掛け声よりも、具体的なエピソードや決意、率直な感想を提示したところでさりげなく、あっさりと終わるほうがましです。

⭕ 改善文

> ……このようにさまざまな形で地球温暖化が進んでいる。そのことを教えてくれたサハラ砂漠に、私は今年中にもう一度立ちたい。緑化ボランティアをできる範囲で続けようと思っている。

　このほうが、少なくとも筆者の姿が読み手の意識に残ります。名文でなくても、自分自身の言葉で締めくくってください。

Lesson 85
謎をかけたままで終わらない

❌ NG文

> ①……だから、この町は都会的ではないけれど、必要なものは何でもそろっています。東京に行くのに便利なことも魅力です。私は大好きなこの町に住み続けるつもりです。
> ⇒ どこの町？
> ②……同じ陸上選手で専門種目も同じだから、彼とはこれからも競い合っていくことになるだろう。
> ⇒ 専門種目って何をやっているの？

📌 小さな欲求不満になりかねない

　何も知らない相手に情報を伝えるために書くのに、謎をかけておいて最後まで謎のままですませてしまう人がいます。理由を聞くと、たいてい「テーマと関係ないから」「読み手には関心がないと思って」といった答えが返ってきます。

　しかし、NG文①を読むと、なかには「町とはどこのことだろう」と思う人が間違いなくいます。②は「種目は何？」と思うのが、むしろ自然です。

　中心テーマでなくても、読み手の気持ちはすっきりしません。心にポツンと小さな欲求不満の灯がともることもあります。謎をかけたまま終わるのは、できるかぎり避けるべきです。

否定的な終わり方にも注意する

否定文や否定的な言い方で終わる場合も、注意がいります。

 NG文

①完売しました。本日は営業しません。
②今月の予約はいっぱいになりました。受け付けを終了します。

改善文

①本日は完売しました。明日は午前10時から開店します。
・完売しました。次回の入荷は、明日6日(水)午後5時ごろの予定です。
・完売しました。入荷予定日がわかりしだい、ホームページでお知らせします。
②10月の予約はいっぱいになりました。11月は5日(月)から予約を受けたまわります。

　NG文はどちらも話がそこで止まってしまいます。情報伝達としては不十分です。とくにビジネス文には向きません。エッセイや学習・就活の作文なども、前向きのトーンをにじませたいなら肯定スタイルで締めくくるほうがよいでしょう。

　関係をぜひとも打ち切りたい場合以外は、可能性の芽をつまずに「では、どうしたらいいのか」の情報を伝えておくことが、コミュニケーションの基本です。

Lesson 86
書きあげたら必ず点検する

> **改善POINT**
>
> ①書きあげたら、読み返す
> ②点検回数は多いほどよい。できれば2回以上読む
> ③ケアレスミス、書きもらし、わかりやすさをチェックする

■ プロも必ず推敲する

　文章を書き終えたときは読み返して、点検します。

　このチェックを推敲ということは第2章66ページで少し言いましたが、原稿を書きあげたら全面的な推敲が必要です。プロも必ず、これをやります。彼らは一度で完ぺきな原稿にならないことをよく知っています。

　推敲の基本姿勢は、読ませる相手（読み手）になったつもりで。なにも特別なことではなく、誰でも自然にやれます。ただし、ぼんやりと流し読みするのではなく、ポイントを絞って確かめていきます。

■ 主なチェックポイントは

　点検にはチェックポイントがあります。

　できるだけ「おもしろく読み進められるか」「わかりやすい文章か」「価値ある情報が盛られているか」「話が矛盾していないか」「誤字脱字や数字間違いなどのケアレスミスはないか」に分けて点検すると効果的です。

自分の危うさを意識して

どの順で推敲するかまでを指定する指導書もありますが、決まったスタイルはありません。自分がやりやすい順番や組み合わせで、違和感なく進めることが何よりです。
「自分はどうもこれが危ない」「固有名詞に気をつけないと」といった重点を意識してやると効率的です。誤字脱字以外の主な注意点は――

> ①個々の文が短いか
> ②文を丁寧に仕切ってあるか
> ③言葉づかいがわかりやすいか
> ④時系列が混乱していないか
> ⑤全体構成に無理はないか
> ⑥無駄な言葉や内容がないか
> ⑦助詞の使い方は正しいか

案外忘れやすいのは、⑤の関連で「書き出しとのバランス」です。書き出しの話や登場人物がいつの間にか消えていないか、まったく別の内容になっていないか。そこまで意識すれば、点検の精度が増します。

点検・推敲してミスに気づいたら、ためらわずに書き直してください。誰にでもあることです。
「書く・点検する・修正する」はワンセットの作業です。繰り返すうちに、文章がどんどん磨かれます。

Lesson **87**
実戦点検法は「声」と「印刷」

改善POINT

声を出して文章を読む
⇒ 声を出せる場所にいたら積極的にトライする。

✏ すらすらと読めない部分に問題あり

　読み返すときは、書き手の立場から離れて、文章をクールに見つめる・味わってみることが必要です。その最も実用的なやり方が「自分の声」です。

　自宅や空き教室など、声を出せる環境なら、アナウンサーか声優にでもなったつもりで。耳に聞こえる文章を読み手の立場でチェックすることができます。

　すらすら読めない部分や、ぎこちなく響く個所があったら、その前後に問題があります。誤りやチグハグな書き方を見つけて、修正してください。

　試験会場では声を出せませんが、その分、目で読む「黙読」をしっかりと進めることでカバーします。深呼吸や瞬き、姿勢を少し変えてみるのも、人によっては有効です。

PCなら印刷して読む

パソコンで文章を打つ場合は「印刷」(プリント) する手があります。

改善POINT

紙に印刷して読み返す
⇒ フォント (書体) や縦横のレイアウトを変えて読むと、いっそうわかりやすい。

パソコンでは画面で見つめながら文章を練るわけですが、そのままでは画面上で読み返すことになります。**紙に印刷すると、書き手からに読み手へと、視点を切り換えるのに好都合です。**

まるで他人が書いた文章と向き合う感じで読み返せます。さらに、声を出して読めば、点検・推敲の効果は倍増します。

新聞社では、記者がパソコンで作った原稿 (記事) を「刷り」といって、必ず紙に印刷して点検します。画面で読み返すだけでは素通りしていたことに気づいて修正し、また新しく印刷して点検を繰り返します。

本を書く場合も、「初校」「再校」などといい、原稿を紙に印刷して点検・修正を重ねていきます。そうした作業が、パソコンやプリンターの普及で手軽にやれるようになりました。ときには行間 (ページ設定) やフォントを変え、横書きで打ったものを縦書きにして読むのも効果があります。

努力して書いた文章は、誰もが完成品だと思いたくなりますが、何回でも読み返せば読み返すだけの成果が必ずあります。

memo

第7章

メール・SNSの超基本

Lesson 88
ひと目でわかる件名をつける

❌ NG文

- 件名： お問い合わせ
- 件名： 打ち合わせの件に関して

📝 件名からメッセージが始まる

　メールに代表される電子情報は、素早くやりとりできる通信手段です。それだけに、効率的な書き方をしないといけません。
　メールでまず、とても大事なのは「件名」です。相手・受信者は件名から内容を判断します。**ひと目で用件が具体的にわかるようにする必要があります。**

⭕ 改善文

- 件名： ○○会参加資格のお問い合わせ
- 件名： 5月27日の打ち合わせの件

　ここからもう伝えるべきメッセージが始まっています。とくに、忙しい相手に出すときは注意してください。相手は普通、あなたのメールだけを読むわけではありません。
　件名はあとで検索するときのキーワードに使われることもあります。「お問い合わせ」「打ち合わせ」だけでは、検索すると膨大な量のメールが出てきてしまいます。
　メールを開くかどうかを件名から考える人もいます。いたずらやウイルスを隠した迷惑メールが急速に広がっていますから、ビジネスでも私的なやりとりでも、みな慎重になっています。漠然とした件名は歓迎されません。

簡潔かつ具体的に

長すぎても、歓迎されません。左ページの件名を「5月27日の○○で打ち合わせの件」と、さらに詳しく書く選択肢もありますが、やや長すぎます。日にち、会合の内容、参加者などの中から何に重点をおくかで決めていきます。

❌ NG文

> 件名： 井上五郎です。先日ご相談いただいた○○会について、参加資格をご連絡します。

⭕ 改善文

> 件名： ○○会参加資格のご連絡

NG文は長すぎて「ひと目でわかる」の原則に反しています。複数の文にわたることは避け、文そのものも短く。簡潔にしながらも具体的情報を盛るという2条件をケースバイケースで書きこなしてください。

発信者名は、自動的に表示される「差出人」名で普通は十分です。国内向けの場合、**差出人欄の固有名詞を日本語表記かローマ字と漢字の併記で設定しておくこと**をお勧めします。そうでなければ、相手によっては「○○会参加資格のご連絡（井上五郎）」と、末尾に発信者名をつけるスタイルもあり得ます。

Lesson 89
1メール1用件に絞る

NG文

○○山頂から初日の出を仰ぐ「大晦日・元日ウォーキング」の参加者を、会員やご家族・友人から募集しています。ほかにもイベントを多数やりたいと幹事団は考えていて、これをという希望があれば次の総会で提案してください。バーベキュー大会も1月中に△△川の河川敷で開きます。問題はその費用で、諸物価値上がりのため食品を寄付してくれる人を待っています。

相手が整理しやすいように

1メールに1用件が原則です。それを簡潔に、できるだけ短くまとめます。「同じ相手に出すのだからついでに」とあれこれ欲張っては、相手・受信者はいくつも読みとらなければなりません。集中できず、仕事の整理上もマイナスです。相手が効率的に整理しやすいようにしてあげましょう。

書き手・発信者にとっても、あれもこれもと気持ちが分散します。十分な説明ができず、思わぬミスにつながることもあります。

はっきりと関連する事項、あるいは大きな情報の一部であるなら、長くならない範囲で「1用件」の中につけ加えることはできます。程度問題ですが、できるだけ絞るにこしたことはありません。

情報を見きわめる力が必要

改善文

（※以下の項目ごとに別々の文書にする）

- ○○山頂への「大晦日・元日ウォーキング」
⇒ 通知または招待状にする

- ほかにもイベントをやる提案
⇒ 総会の案内にまとめる

- バーベキュー大会
⇒ 1月中に△△川で開く案内メールに（食品寄付の呼びかけは、関連事項としてつけ加えておく）

メールやSNSで必要なのは、手持ちの情報から必要・不必要を見きわめて、テーマを絞り込む力と習慣です。メールに限らず文章全般に言えることですが、IT系の通信手段ではとくに強く意識しなければなりません。

「他の用件もあるのに飛ばしてはまずいのでは？」と思ったら、最後に一言「○○については別途ご案内を差し上げます」と触れておけばクリアできます。

改善POINT

① 1本の文書に書く用件を絞り込む
② いくつものメッセージや情報を一度に入れずに「1メール1用件」のつもりで

Lesson **90**
本文(主文)はこう書く

NG文

恒例のバーベキュー大会を今年もやります。会費は、大人2000円、小学生以下700円と前回同様に据え置きました。会場では、炭を実費で買えます。食材も販売しますが、持ち込みもできます。今回は凸凹商店会の協力で近くの駐車場50台分を無料開放していただけることになり、地元産野菜の即売会も同時に開催します。バーベキュー会場は◎◎川宝来橋そばの河川敷で、○月○日(土)午前11時からです。最初の大会は個人的な集まりから始まりましたが、もう5年をこえて、年々大規模になり、イベントとしての知名度もあがりました。一方で、周辺に違法駐車があふれ、ゴミをちらかして帰る人もいて、批判が続出しています。誰でも参加できますが、ルールを守って楽しい時間を過ごしてください。

「わかりやすく」の基本は同じ

　文章の基本はメールも紙書きも同じですが、メールの場合はとくにわかりやすく整理しないといけません。NG文は、どうにも要領の悪い書き方です。

　まず、ひと目で改行がないことがわかります。これだけでも敬遠されるもとです。

　何を一番に言いたいのかが、はっきりしません。大会の案内なら、読み手にまず日時や場所を示す必要があります。

　ほかの「会費据え置き」「商店会の協力」「ルールを守れ」のどれかを強調したいなら、最初か、日時・場所のすぐあとに持ってきます。説明があちこちに飛んでいることも、読み手を疲れさせます。

早めに改行して、重要事項から

改善文

恒例のバーベキュー大会を〇月〇日（土）午前11時から◎◎川宝来橋そばの河川敷で開きます。
会費は大人2000円、小学生以下700円に据え置きました。誰でも参加できます

会場では、炭を実費で買えます。食材を販売しますが、持ち込みもできます。
今回は凸凹商店会の協力で近くの駐車場50台分を無料開放していただけることになりました。地元産野菜の即売会も同時に開催します。

最初の大会は個人的な集まりでしたが、5年をこえて、年々大規模になり、イベントの知名度もあがりました。一方で、周辺に違法駐車があふれ、ゴミをちらかして帰る人もいて、批判が続出しています。
ルールを守って楽しい時間を過ごしてください。

　改行や1行あけがとくに重要です。本文は左寄せにして行頭の1マスはあけないのが一般的ですが、あけても差しつかえありません。
　基本事項や重要事項から優先して書いていきます。文を短くして、全体もコンパクトに。印刷される場合を想定して、A4用紙におさまるように、それもできるだけ短めにすませます。アンダーラインを活用するか、本文のあとに別記として日時やアクセスを個条書きにまとめるのも有効です。

Lesson 91
メールに不向きなこともある

メールに適さない場面とは？

①大きなミス
⇒ 直接出向いて謝るのが筋。気づいたらすぐに電話して連絡をとる。メールは約束の確認や関係資料の伝達など補助的な手段。メールだけですませてはいけない。

②遅刻・欠勤
⇒ 職場の慣習やルールにもよるが、電話で伝えるのが基本。電話が通じない状況なら、メールに電話したことを書き添える。

③大急ぎの連絡
⇒ 思わぬハプニングや急な予定変更など、相手に大急ぎで伝えなければならないときは電話がメールよりもてっとり早い。電話なら相手の反応も、その場でわかる。

④記録にむかない内容
⇒ 微妙なやりとりが必要な案件やプライバシーがからむ場合、反対に記録するまでもない内容なら、電話か直接会って伝える。状況によって最適な通信手段を選ぶ。

頼りすぎずに使い分ける

メールで処理できる範囲は確実に広がっていますが、「略式」「とりあえずの連絡」という位置づけが必要です。

頻繁にやりとりする相手や親しい間柄ならメールですませられても、それ以外の相手にはメールを使えないケースもあります。**重要事項や責任にかかわる問題をメールで処理しようとす**

ると「軽々しい」「無責任だ」と受けとられます。

しかたなくメールをするときは、「ご無礼とは存じますが、とり急ぎメールで概要をお知らせいたします」「本来ならお伺いしてお願いすべきところですが、メールでお伝えするご無礼をお許しください」など、非礼をわびる一言がいります。

書き方ひとつで恥をかく

重大な案件は、電話、面談、メール、さらに文書による確認などの通信手段を組み合わせて乗り切ってください。

メールの利点
・手軽に発信できて記録に残せる
・会議や打ち合わせの内容を確認しておける
・つかまらない相手に伝言できる
・不特定多数や複数の人に一度に送れる
・地図や写真などの資料を添付して送れる

他の通信手段を検討すべき場合
・重要な用件や内密の交渉ごと
・節目となる合意や、そのお礼
・おわびや弁解、遅刻の連絡
・その場ですぐに相手の反応を知りたい事項
・重要書類は手渡しがベスト

メールは情報を素早く伝えられ、SNSには無限に近い広がりがあります。やり方次第ではとても機能的です。一方で**注意して扱わないと、情報漏れや誤送信といった問題のほかにも、書き方ひとつで恥をかきます**。メールやSNSは仕事、生活のさまざまな分野で「武器」にも「罠」にもなります。

とくに間違えやすい「同音・同訓異義語」の使い分け例

読み方は同じなのに、意味や使い方の異なる言葉があります。「同音異義語」「同訓意義語」といい、広い範囲にわたっています。とくに間違えやすい語句をピックアップしておきました。詳しくは国語辞典や用語辞典などで確認して、使い分けてください。

※反）＝反対語　※注）＝注意・参考

あ

あいかん
哀感 もの悲しさ。
哀感が漂う
哀歓 悲しみと喜び。
哀歓を共にする

あいせき
愛惜 大切にする。
故人が愛惜した品
哀惜 （人の死を）悲しむ。
哀惜の念

あう
会う 主に人と人が会う。
友人と会う
逢う 親しい人と逢う。
めぐり逢う（※常用外）
遭う （雨や風に）偶然に遭う。返り討ちに遭う
合う 合致、調和、互いに同じ動作をする。話が合う、間に合う
※ひらがなで書くこともある

あく
空く からになる。
席が空く、空き箱
明く 明るくなる、片がつく。
明け方、週明け
開く ひらく。
開け放つ、店を開ける
飽く あきる。飽きっぽい

あげる
上げる 上に移す、発する、終わる。棚に上げる、上げ潮、仕上げ
※反）下げる
挙げる はっきりわかるように示す。例を挙げる、式を挙げる、列挙
揚げる 高く掲げる。荷を揚げる、揚げ足取り、浮揚
あげる 与える。
お土産をあげる

あたたかい
暖かい 主に気象や気温。暖かい冬、暖かい色、暖かな部屋
※反）寒い
温かい 主に食物や気持ち。家庭の温かさ、温かいもてなし、温かいスープ ※反）冷たい

あつい
暑い 気温にかかわる暑さ。
暑い夏、暑がり
※反）寒い
熱い 物の熱さ・冷たさ。
熱いお茶、熱い血潮
厚い たっぷりあるニュアンス。分厚い本、厚かましい、厚い信頼
※反）冷たい

間違えやすい「同音・同訓異義語」

あてる
- **充てる** 充当。教材に充てる
- **当てる** 接触、的中、配分、相当。当てはめる、当てこすり

あとつぎ
- **後継ぎ** 後継者。社長の後継ぎ、農業の後継ぎ
- **跡継ぎ** 家督・名跡の相続者。家元の跡継ぎ

あぶら
- **油** 主に植物・鉱物。ゴマ油、水と油
  ※「油を絞る」は叱る場合に、「油を搾る」は製造を意味する場合に用いる
- **脂** 主に動物関係。脂汗、脂取り、脂ぎった顔

あらわす
- **表す** 正面に出す。喜びを表す
- **現す** 出現する。姿を現す
- **著す** 本を世に出す。書物を著す

いがい
- **意外** 思いのほか。意外な事件
- **以外** 何かのほか。関係者以外

いぎ
- **意義** 意味、価値、値打ち。有意義、人生の意義
- **異議** 異なった意見。異議申し立て
- **異義** 異なった意味。同音異義語 ※反）同義

いけん
- **意見** 考え、見解。大方の意見
- **異見** 異なった意見、見解。異見を唱える
- **違憲** 憲法に反する、憲法と違う。違憲判決

いし
- **意思** 考え、思い（法律用語に多い）。自由意思
- **意志** 成し遂げようとする心（主に心理学用語）。意志が強い

いじょう
- **異常** 普通と違っていること、一般用語で名詞・形容動詞として広く使う。異常気象
  ※反）正常
- **異状** 普通と違った状態、限定用語で名詞として使う。機内異状なし

移譲 主に対等の者に譲る。
土地の移譲、政権移譲
委譲 主に下級の者に任せる。
大統領権限を委譲する

いただき
頂 頂上。山の頂
頂き もらう。頂き物

いっかん
一貫 はじめから終わりまで。
終始一貫、裸一貫
一環 全体のつながりの一部分。活動の一環

いどう
移動 位置や場所が動く。
移動図書館
異動 地位や勤務が変わる。
人事異動
異同 相違。字句の異同

いっぱい
一杯 名詞、数詞として使う。
帰りにちょっと一杯
いっぱい 形容動詞、副詞として使う。
時間いっぱい

うつ
打つ 打ち当てる意味で一般に広く使う。心を打つ
撃つ 射撃、攻撃。的を撃つ
討つ 敵を討つ。返り討ち
※注）やや古風な表現

うつす
写す 文書や絵、写真などを写す。証書の写し
映す 映写、反映。映画を映す、テレビに映る

えいき
英気 優れた才気、気性。
英気を養う
鋭気 強く鋭い気性。
鋭気に満ちる

える
得る 入手する、可能性。
許可を得る、あり得る
獲る 捕獲する。
イノシシを獲る

えんか
円貨 円貨幣（通貨の種類）。
円貨と交換
円価 円の価値。
円価の変動

おうせい
王政 王が行う政治。
王政復古
王制 王が定めた制度。
王制反対

おかす
犯す 過ちや違法行為。
法を犯す
侵す 侵害する行為。権利を侵す、自由を侵す
冒す あえてすること。
危険を冒す

おくる
送る 動かす、つける、過ごす。送り状、送り仮名
贈る 贈与する、プレゼント。贈り物、感謝状を贈る

おさえる
押さえる 物理的に押さえる、確保する。押さえて動かさない
抑える 抑制・抑圧する。
1点に抑える

おさまる・おさめる
収まる・収める
収拾、取り込む。
成果を収める、風が収まる

納まる・納める
納付、おちつく。
品物を納める

治まる・治める
しずまる、治る。国を治める、病気が治まる

修まる・修める
身につける。
学問を修める

おどる
踊る 舞踊、揺れ動く。
盆踊り、踊り場、人に踊らされる
躍る 跳躍、躍動。
胸が躍る、小躍りする

おんじょう
温情 おもいやり、やさしい心。温情判決
恩情 (主に目下への)情け深い心。師の恩情

か

かいせき
会席 寄り合い・宴会の席またはその料理。
会席料理
懐石 茶の湯での料理(普通は質素)。
懐石料理、茶懐石
※注)「会席料理」「懐石料理」はどちらもあり得る。使い分けが必要

かいしん
会心 満足。会心の作
改心 心を入れかえる。改心してまじめにやる

改新 新しくする。
大化の改新

かいとう
回答 質問に対する返事。
世論調査の回答
解答 問題を解いて答えること。模範解答

かいほう
解放 束縛を解いて自由にする。農地解放
開放 開け放つ、出入り自由。運動場を開放する
会報 会の報告をする文書。会報発行
快報 うれしい知らせ。快報に接する
回報 回し読みする文書。回報がきた

かえる
変える 変化、変更。
色を変える
換える 交換、価値の似たものを換える。
金に換える
替える AをやめてBに替える、スイッチのニュアンス。
替え玉
代える 交代、代理。あいさつに代える

かげ
陰 隠れて見えないところ。
陰の実力者
影 物の影。影絵、島影

かてい
過程 進行のプロセス、段階。
製造過程
課程 ある期間の仕事、学業。
修士課程

かた
形 姿、フォーム。ハート形、水泳の自由形
型 手本、パターン、タイプ。うるさ型、小型機

かたい
固い 確固、固形。
固いきずな、固い友情
※反）もろい
堅い 堅実、確実。
堅い商売、口が堅い
※反）ゆるい
硬い 「軟」の対語。
動きが硬い、硬い氷
※反）やわらかい

かんさつ
観察 注意深く見る。
自然観察
監察 視察し監督する。
行政監察

間違えやすい「同音・同訓異義語」

かんし
- **監視** 監督し見張る。監視の目
- **看視** 注意して見守る。機械を看視する
- **環視** 取り巻いて見る。衆人環視の中

かんしょう
- **鑑賞** 芸術作品を味わう、理解する。美術鑑賞
- **観賞** 見て楽しむ。観賞魚
- **観照** 本質を見きわめる。自然観照
- **勧奨** 奨励する。出品を勧奨する

かんせい
- **官制** 行政機関の組織・権限など。官制改革
- **官製** 政府や行政主導で作った・やったもの。官製談合
- **管制** 管理、制限。航空管制、管制塔

かんしん
- **感心** 心に感じ入る、感服。感心な行い
- **関心** 興味を持つ。関心事
- **歓心** うれしく思う、よろこび。歓心を買う

かんち
- **感知** 感じる、反応する。意図を感知する
- **関知** あずかり知る。一切関知しない

きく
- **聞く** 一般的、普通の感じで聞く。うわさを聞く
- **聴く** 限定的、身を入れて聴く。事情を聴く

きく
- **効く** 効果があること。効き目がある
- **利く** 機能があること、役に立つ。鼻が利く

きこう
- **紀行** 旅行中の見聞や感想を書いたもの。フランス紀行
- **帰航** 帰りの航海。帰航の途 ※反)出航
- **帰港** 船が母港に帰ること。遠洋漁業から帰港する ※反)出港
- **寄港** 港に寄ること。神戸に寄港する

きじ
生地 自然のままの性質、布地。洋服の生地
木地 木目、地肌のままの木材。木地に漆を塗る

きじく
基軸 基準、中心。基軸通貨
機軸 機械の軸、活動の中心・方式。新機軸

きせい
規制 制限する。自主規制
規正 正す。政治資金規正法

きてい
規定 定め、規則を決めること。規定料金
既定 既に決まっていること。既定方針
※反）未定

きょうい
脅威 脅し、恐れ、威力。軍事的脅威
驚異 非常な驚き。驚異的記録

※注）「自然の脅威」は台風や地震などに、「自然の驚異」は驚きの現象や景観などに、状況に応じて使い分ける

きょうえん
共演 一緒に出演する。初共演
競演 演技や役柄を競い合う。スター同士の競演
協演 協力して演奏する、ジョイントコンサート。協奏曲の協演
供宴・饗宴 もてなし。供宴を催す
※注）「饗宴」は常用外

きょうこう
強硬 強い態度。強硬な意見、強硬手段
強行 障害・反対を押し切って行う。強行突破、採決を強行
強攻 強気で攻める。ヒット・エンド・ランを強攻

きょうそう
競争 優劣・勝ち負けを競う。生存競争、競争試験
競走 走りくらべ。競走馬
競漕 ボートレース、レガッタ ※注）常用外

きょくち
極地 最果ての地、南・北極。極地探検
局地 限られた土地・区域。局地的な雨、局地戦

極致 最高の状態や境地。
美の極致

きわめる
極める 極限、限度。
栄華を極める
究める 探究、追究。
学問を究める

けっせん
決戦 最後の勝負。
決戦を挑む
決選 決定選挙の略。
決選投票

こうじょう
交情 交際によって生まれる親しみ。交情を深める
厚情 厚い情け、思いやり。
厚情をたまわる

こうせい
厚生 生活を豊かにする。
福利厚生
更生 生まれ変わる。
更生して社会復帰する
更正 改め正す。更正予算

こうどく
購読 買って読む。
新聞の購読
講読 読んで意味を解き明かす。講読会

こじ
固辞 固く辞退。
就任を固辞する
固持 意見を変えない、持ち続ける。
自説を固持する
誇示 得意になって見せる。
成果を誇示する
故事 昔あったこと、昔からのいわれがある事柄

さ

さいけつ
採決 賛否の決をとる。
強行採決
裁決 上級者が決定する。
議長裁決

さいけん
債権 財産権のひとつ、請求する権利。
債権者
※反）債務
債券 債務・債権を証明するために発行する有価証券。債券市場

さいご
最後 一番あと。
最後のチャンス
最期 死に際。壮烈な最期

さがす

探す 主にほしいものを探す。
宝探し

捜す 見えなくなったものを捜す。犯人を捜す
※注)「探(捜)し回る」「探(捜)し出す」などは、実情に応じて使い分ける

さす

刺す 突き刺す。
くぎを刺す

指す 指示、方向、指定。
指し示す
※注)「指さす」はかな書き

差す さしはさむ。
記事差し止め

挿す さしこむ。挿絵、挿入

しあん

思案 あれこれ考える。
思案顔

試案 試みの案。
試案の段階

私案 個人の案。
私案にすぎない

じき

時期 時、期間。時期尚早
時季 季節、シーズン。
行楽の時季
時機 機会、チャンス。
時機到来

しこう

志向 心が向かう（主観的）。
ブランド志向

指向 物事がある方向に向かう（客観的）。
指向性アンテナ

試行 試しにやってみる。
試行錯誤

思考 思いめぐらす、考え思う。思考力

施行 実施、法令の効力を発生。施行規則

施工 工事を行う。施工図
※注)「施行」「施工」は「せこう」とも読む

じっこう

実行 実際に行う。実行力
実効 実際の効力。実効性

しせい

市制 市としての制度。
市制施行
市政 市の政治、行政。
市政だより
市勢 市の情勢。市勢要覧

じせい

自制 自己抑制、自重。
自制心、自制を求める
自省 自己反省、内省。
深く自省する

間違えやすい「同音・同訓異義語」

じったい
- **実態** 実際の状態、情勢。実態調査
- **実体** 実物、本質、本体。実体経済

じてん
- **辞典** 主に言葉について説明する辞書。国語辞典
- **事典** 事柄を主とした辞書。百科事典
- **字典** 文字を主とした辞書。康煕(こうき)字典

じゅしょう
- **受賞** 賞をもらう。受賞作家
- **授賞** 賞をわたす、さずける。授賞式、授賞委員
- **受章** 勲章・褒章をもらう。春の叙勲受章者
- **授章** 勲章などをわたす、さずける。文化勲章授章式

しょうかい
- **紹介** 引き合わせる、とりもつ。紹介状
- **照会** 問い合わせる。身元照会

しょうすう
- **小数** 1より小さい数。小数点
- **少数** わずかな数。少数意見、少数精鋭 ※反）多数

じりき
- **自力** 自分だけの力、独力。自力で立ち直る
- **地力** 本来の力、底力。地力を発揮する

じりつ
- **自立** 自分の力で物事を行う。自立心
- **自律** 自分をコントロールする。自律回復

しんこう
- **振興** 産業、学問を盛んにする。貿易の振興
- **新興** 新しくおこる。新興勢力、新興宗教
- **進攻** 軍を進めて攻め込む、進撃。敵陣に進攻
- **侵攻** 他国や他の領土を攻め侵す。隣国に侵攻

しんちょう
- **慎重** 注意深く行動する、軽々しく行動しないこと。慎重を期する ※反）軽率

深長 意味深く、含みのあること。意味深長
伸長 長さや力が伸びること。体力の伸長

しんてん
進展 進行、展開、発展。事態の進展
伸展 勢い・範囲の拡大。経済力の伸展

すすめる
進める 進行、前進。推し進める
勧める 勧誘、奨励。読書を勧める、入会を勧める
薦める 推薦、推挙。良書を薦める

せいさん
精算 詳しく計算する。運賃精算所
清算 きまりをつける。過去を清算
成算 成功する見通し。成算がある

せいねん
青年 思春期の若い男女。文学青年
成年 成人となる年齢。成年に達する

そう
沿う 方針・提案に従う、伝って行く。国の方針に沿う、川に沿う
添う つき加わる。２人を添わせる

そくせい
促成 人手を加えて成長を促す。野菜の促成栽培
速成 短期間で仕上げる・成し遂げる。速成講座
即製 その場ですぐに作りあげる。即製の料理

そなえる
備える 準備、設備。台風に備える
供える 提供。お供え

た

たいこう
対抗 競いあう。対抗馬、クラス対抗
対向 向きあう。対向車
対校 学校同士の対抗。対校試合

たいしょう
対象 相手、目標。調査対象

間違えやすい「同音・同訓異義語」

対照 照らし合わせる、コントラスト。
対照的な存在
対称 つりあう。左右対称

たいせい

体制 恒久的、統一的な組織。
戦時体制、反体制
態勢 一時的な身構え、状態。
受け入れ態勢
大勢 おおよその形成・成り行き。大勢が決まる
体勢 体の構え、姿勢。得意の体勢に持ち込む

たえる

耐える こらえる。
プレッシャーに耐える
堪える できる、値する。
任に堪える
絶える 切れる。
人通りが絶える

たずねる

訪ねる おとずれる、訪問。
知人を訪ねる
尋ねる 問い求める。
尋ね人

たつ

断つ 打ち切る、分断。
国交を断つ
絶つ やめる、切れる。
連絡を絶つ
裁つ 布や紙を刃物で裁つ、裁断。布地を裁つ

たんきゅう

探求 探し求める、探索。
平和の探求
探究 見きわめる。
美の本質を探究

ちんせい

沈静 落ち着く。
物価が沈静する
鎮静 人為的にしずめる・しずまる。鎮静剤

ついきゅう

追及 追いつめる。
犯人を追及
追究 明らかにしようとする。
原因を追究
追求 得るために追い求める。
利潤を追求

つぐ

次ぐ 順次、連続。
相次ぐ事件、取り次ぐ
継ぐ 継続、継承。家業を継ぐ、中継ぎ投手
接ぐ 接続。接ぎ木

つくる
作る こしらえる、創作（主に小さなもの）。
米作り、作り話
造る 造成（主に大規模なもの）。
石造り、船を造る
創る 新しくつくる
（※常用外）

つとめる
務める 任務。
主役を務める
努める 努力。
問題解決に努める
勤める 勤労。
会社に勤める

てきかく
的確 的をはずれず、間違いがない。的確な判断
※注）「適確」と書くこともある。

適格 資格を満たす、資格にあてはまる。適格者

てきせい
適正 適当で正しい。
適正価格
適性 適した性質。
適性検査
敵性 敵とみなしうる性質。
敵性行為

てきよう
適用 法律や規則を当てはめて用いる。適用を誤る
摘要 要点の抜き書き。
摘要メモ

てんか
転嫁 罪や責任を押しつける。責任転嫁
転化 他の状態に変わる。
宅地に転化
添加 他の物をつけ加える。
食品添加物

てんかい
展開 繰り広げる。
議論を展開
転回 回って方向を変える。
180度の転回

でんき
電気 電力一般。
電気器具
電器 主に日用器具。
家庭電器
電機 電力を使う機械。
重電機

とう
倒 たおす、さかさま。
圧倒、打倒
到 いたる、行き届く。
殺到、到来

間違えやすい「同音・同訓異義語」

謄 　うつす。
　　　謄写、戸籍謄本
騰 　わきあがる。
　　　沸騰、高騰

とうさい
搭載 　積み込む。
　　　エンジン搭載
　　　※注）「塔載」と書くこともあるが「搭載」が一般的

登載 　新聞や名簿に掲載する。
　　　候補者名簿に登載

どうし
同士 　同じ仲間・種類。
　　　男同士
同志 　志や思想を同じくする者。革命の同志

とく
解く 　ほどく、答えを出す。
　　　問題を解く
説く 　わかりやすく述べる。
　　　情勢を説く
溶く 　個体を液状にする。
　　　水で溶く
　　　※注）雪が自然に消えることについては「雪が解ける」「雪解け」が一般的

とくちょう
特徴 　目立つ点。特徴的な顔
特長 　特別な長所。
　　　特長を生かす

ととのう・ととのえる
整う・整える
　　　整理、整備。準備が整う、体調を整える
調う・調える
　　　調達、まとまる。縁談が調う、資金を調える

とまる
止まる 　ストップする。
　　　止まり木、電車が止まる
泊まる 　停泊、宿泊。
　　　泊まり客、友達の家に泊まる
留まる 　固定、留置。
　　　気に留める、書留

とる
取る 　一般用語（広く使うが、ひらがな書きですむことも多い）。汚れを取る、取り除く
捕る 　捕らえる。分捕る、飛球を捕る
採る 　採取、採用する。キノコを採る、意見を採りあげる
撮る 　撮影する。
　　　ビデオを撮る
執る 　扱う、執り行う。
　　　筆を執る、指揮を執る

な

なおす
- **治す** 病気や傷を回復させる。傷を治す、病気が治る
- **直す** 一般用語、ただす、訂正する。出直す、服装を直す

ならす
- **慣らす** なじませる、慣れさせる。肩慣らし
- **馴らす** 手なずける。馬をならす （※常用外）
- **成らす** できあがる。ローマは一日にして成らず

なる
- **成る** 仕上がる、できる。なせば成る、成り金
- **生る** 実ができる。柿がなる、鈴なり （※常用外）

のばす・のびる
- **伸ばす・伸びる** 伸長、発展。髪を伸ばす、身長が伸びる
  ※反）縮む
- **延ばす・延びる** 延期、延長。時間を引き延ばす、間延び

のぼる
- **上る** あがっていく。川を上る、上り列車
  ※反）下る
- **登る** よじのぼる。木に登る、マウンドに登る
- **昇る** （勢いよく）高く上がる。日が昇る、エレベーターで昇る

は

はいすい
- **排水** 水を流し出す・排除する。雑排水、排水ポンプ
- **廃水** 使用後の汚れた水。廃水処理装置
  ※注）工場では「排水」「廃水」を実態に応じて使い分ける
- **配水** 水を配る。畑に配水する

はえる
- **映える** 照り輝く、引き立つ。紅葉が映える、夕映え
- **栄える** 立派に見える、繁栄、栄光。出来栄え、栄えある受賞

はかる

図る 意図、工夫。合理化を図る、図らずも

計る 計算、計画。タイミングを計る、計り知れない恩恵

量る 重さや容積を計量する。体重を量る、量り売り

測る 長さや面積を測定する。距離を測る、血圧測定
※注)「推し量る」「推し測る」はどちらもあり得る

諮る 意見を求める、諮問。審議会に諮る

謀る 計略、謀略、だます。暗殺を謀る

はじめ

初め 主に時間に関連する名詞につく。春の初めに、初めてやる

始め 主に動詞、または物事に関連する名詞に。歌会始め

※注)「初め」「初めて」は最初を示し、「始め」「始める」は開始することに使う。「仕事を初める」「初めての体験」ではなく、「仕事を始める」「始めての体験」が正しい

はなす

放す 解放、自由。鳥を放す、野放し

離す 距離、分離。2人の仲を離す、離島

はやい

早い 時間。朝が早い、気が早い

速い 速度。足が速い、テンポが速い

はんざつ

煩雑 こまごまとわずらわしい。煩雑な人間関係

繁雑 すべきことが多くてわずらわしい。繁雑な業務

ひょうき

表記 書き表す、表書き。表記法

標記 表題、目じるしの符号。交通標記

ひょうはく

漂白 白くする。漂白剤

漂泊 ただよう、さすらう。漂泊の詩人

ふへん

普遍 すべてに共通、どこでも見られる。普遍的現象

ふへん
不偏 偏らない。不偏不党
不変 変わらない。永久不変

ふじゅん
不純 純粋でない。不純物、不純な行い
不順 順調でない。不順な天候

ふんぜん
憤然 激しく怒る。憤然として席をける
奮然 奮い立つ。奮然として戦う

へいこう
並行 並んで進む・行われる。並行して走る、並行輸入
平行 交わらない。議論が平行線
平衡 釣り合う。平衡感覚

へんけい
変形 形が変わる。熱で変形する
変型 変わった型や規格。B5判変型

へんざい
偏在 かたよってある。富の偏在
遍在 どこにでもある。天地の間に遍在

へんたい
変態 正常でない性質や行い、形態を変えること。変態行為
変体 形や体裁が変わっている。変体仮名、変体文字

ほうしょう
報奨 勤労・努力に報いる。報奨制度
報償 損害をつぐなう。遺族への報償
褒賞 ほめる、ほうび。功労者に褒賞を与える
褒章 栄典の記章。紫綬褒章

ほけん
保健 健康を保つ。保健室、保健所
保険 事故や損害の補償制度。生命保険

ほしゅう
補習 正規の学習を補う勉強。補習授業
補修 繕う、修理。補修工事

ほしょう
補償 損害を補いつぐなう。遺族補償
保証 請け負う。保証書
保障 侵されないように守る。安全保障

ま

まぜる
- 交ぜる　主にとけ合わないまじり方。織り交ぜる
- 混ぜる　主にとけ合うまじり方。卵を混ぜる、スープを混ぜる

まち
- 町　地域、行政区画。下町、城下町
- 街　街路。街角、街行く人
  ※注)「町(街)づくり」「町(街)並み」などは内容により使い分ける

まんぷく
- 満腹　腹いっぱい。満腹になる
- 満幅　幅いっぱい、全面的。満幅の信頼

みんぞく
- 民俗　民間の風俗や習慣。民俗信仰
- 民族　人種や文化を同じくする集団。民族解放
  ※注)「民俗(族)学」「民俗(族)芸能」などは内容により使い分ける

むじょう
- 無常　一定せず移り変わること。諸行無常
- 無情　思いやり・感情がない。無情なやり方

めいかい
- 明快　はっきりして気持ちがよい。明快な論理
- 明解　はっきりした解釈。字義明解

めいげん
- 明言　はっきり言う。明言を避ける
- 名言　優れた言葉。名言集

めいぶん
- 名文　優れた文章。名文家
- 明文　はっきりと示した文章。法の明文化
- 銘文　碑に刻まれた文章。仏像の銘文

もと
- 元　原因、原料、昔、以前など多彩な一般用語。足元、元通り、元大臣
  ※注)「素」に通じる「スープのもと」「病気のもと」などはひらがな書きが普通
- 下　下部、支配・影響下、手段。法の下の平等、一撃の下、指導の下
- 本　本来、根本。本を正す
- 基　基本、基礎。資料に基づく

や

やぶれる
破れる 破壊、破棄。平和が破れる
敗れる 敗北。敗れ去る

やわらか
軟らか 軟弱。軟らかなゴム
柔らか しなやか、穏やか。柔らかな表情

ようけん
用件 用事。用件を思い出す
要件 必要な条件・事柄。資格要件

ようりょう
容量 中に入る分量。タンクの容量
用量 使用する分量。低用量

よしあし
善しあし 性格、行為などに使う。行いの善しあし

※注）「一長一短」を意味することもある

良しあし 品質に使う。鮮度の良しあし

※注）「あし」を漢字で「善し悪し」「良し悪し」と書くのは常用外

よむ
読む 詩歌以外で広く用いる一般用語。本を読む、さばを読む
詠む 詩歌を作る。歌に詠まれた名所

ら

りょうよう
両用 両方に使う。水陸両用
両様 ふた通り。和戦両様の構え

れんぱ
連破 続けて勝つ。強豪を連破する
連覇 続けて優勝する。大会を5連覇

わ

わざ
技 技術。
技を磨く、合わせ技
業 仕事、動き。人間業、神業、寝業師

高橋俊一（たかはし・しゅんいち）

1950年生まれ。早稲田大学卒。
毎日新聞社・社会部記者などを経て、朝日新聞社入社。横浜支局、社会部記者、北海道報道部次長、朝日学生新聞編集部長、総合研究本部・ジャーナリスト学校各主任研究員などを歴任。現在は、日本大学および大学院講師を務めるかたわら、フリージャーナリスト、コラムニストとしても活躍する。専攻はジャーナリズム論、調査報道論、日本語文章論。

著書に『すっきり！わかりやすい！文章が書ける』（すばる舎）、『決定版！すっきり書ける文章のコツ80』（成美堂出版）、『水が危ない』『飢えない国スイス』（家の光協会）、『健康の時代』（毎日新聞社、アップジョン医学記事賞受賞）など多数。

超ベーシック
すぐうまくなる書くチカラ91
2015年3月23日 初版第1刷発行

著　者	高橋俊一
装　幀	杉本龍一郎、太田俊宏（開発社）
編　集	上野建司

発行者	佐野 裕
発行所	トランスワールドジャパン株式会社
	〒150-0001 東京都渋谷区神宮前6-34-15 モンターナビル
	Tel.03-5778-8599 ／ Fax.03-5778-8743

印刷・製本	中央精版印刷株式会社

Printed in japan
©Transworld Japan Inc.2015
ISBN978-4-86256-154-1

◎定価はカバーに表示されています。
◎本書の全部または一部を著作権法上の範囲を超えて無断に複写、複製、転載、あるいはファイルに落とすことを禁じます。
◎乱丁・落丁本は、弊社出版営業部までお送りください。送料当社負担にてお取り替えいたします。